DA CULTURA DO CORPO

JOCIMAR DAOLIO

DA CULTURA DO CORPO

PAPIRUS EDITORA

Capa	Fernando Cornacchia e Antonio César de Lima Abboud
Foto de capa	Rennato Testa
Escultura da capa	Felguérez
Copidesque	Lúcia Helena Lahoz Morelli
Diagramação	DPG Editora
Revisão	Elisângela S. Freitas e Jazon da Silva Santos

Dados Internacionais de Catalogação na Publicação (CIP)
(Câmara Brasileira do Livro, SP, Brasil)

Daolio, Jocimar
 Da cultura do corpo/Jocimar Daolio. – 17ª ed. – Campinas, SP: Papirus, 2013. (Coleção Corpo & Motricidade)

Bibliografia.
ISBN 978-85-308-0305-6

1. Antropo gia social – Brasil 2. Educação física 3. Educação física – Estudo e ensino I. Título.

13-03409 CDD-613.7

Índice para catálogo sistemático:
1. Educação física: Estudo e ensino 613.7

17ª Edição – 2013
10ª Reimpressão – 2025
Tiragem: 80 exs.

Exceto no caso de citações, a grafia deste livro está atualizada segundo o Acordo Ortográfico da Língua Portuguesa adotado no Brasil a partir de 2009.

Proibida a reprodução total ou parcial da obra de acordo com a lei 9.610/98.
Editora afiliada à Associação Brasileira dos Direitos Reprográficos (ABDR).

DIREITOS RESERVADOS PARA A LÍNGUA PORTUGUESA:
© M.R. Cornacchia Editora Ltda. – Papirus Editora
R. Barata Ribeiro, 79, sala 3   – CEP 13023-030 – Vila Itapura
Fone: (19) 3790-1300 – Campinas – São Paulo – Brasil
E-mail: editora@papirus.com.br – www.papirus.com.br

Aos meus alunos, que, cotidianamente, me ensinam a ser professor.

SUMÁRIO

PREFÁCIO 9

APRESENTAÇÃO 11

INTRODUÇÃO 13

1. ANTROPOLOGIA: UM DESLOCAMENTO DO OLHAR 19

2. A CONSTRUÇÃO CULTURAL DO CORPO HUMANO 29

3. O TRABALHO DE PROFESSORES DE EDUCAÇÃO FÍSICA 47

4. DO CORPO MATÉRIA-PRIMA AO CORPO CIDADÃO 73

CONCLUSÃO: POR UMA EDUCAÇÃO FÍSICA PLURAL 85

REFERÊNCIAS BIBLIOGRÁFICAS 94

PREFÁCIO

Antes que planejemos nossa aula, a vida nos planejou. Os professores são mais que os livros que leram, os discursos que ouviram, as correntes pedagógicas que se impuseram.

Os professores, quando falam, falam de suas vidas. Falam aos nossos olhos, ouvidos e peles. Para o pesquisador do estudo relatado neste livro, falam ao seu olhar antropológico. Esse olhar antropológico de que nos fala Jocimar é o olhar do Homem sobre o Homem; nunca o olhar do pesquisador isento, asséptico.

Lendo a obra do professor Jocimar Daolio, leio uma surpreendente revelação: a aula de Educação Física serve para tudo. Os professores de Educação Física não escapam à síndrome do Super-Homem. Não querem o mínimo ou o suficiente; querem o máximo. Não basta ensinar conteúdos específicos; julgam ter o poder de mudar as vidas dos alunos, de mudar a sociedade. Ao falar, é disso que os professores de Educação Física falam.

E Jocimar, autor deste belíssimo livro, vai deixando que o professor fale. E, quando fala, quando fala livremente, sem as amarras de um questionário fechado, esse professor fala mais da vida que da profissão. Como se a profissão fosse apenas um cenário para que ele exerça seus superpoderes. O professor não planeja a aula, planeja a vida.

Qual é o principal conteúdo das aulas de Educação Física? O esporte, sem dúvida, dizem os professores consultados. Do que mais falam? Além do esporte, ainda falam do conhecimento sobre o próprio corpo, das regras do jogo e, em torno desses conteúdos, de tudo sobre a vida passada deles mesmos e da vida futura de seus alunos.

Talvez com acertada razão, nossos professores de Educação Física consultados por Jocimar colocam-se como intermediários entre a natureza e a sociedade. Também em minhas andanças, ouvi vários professores falando sobre isso. De fato, eles verificam que as crianças que entram na escola, antes disso, correm, saltam, riem, brincam de todas as coisas e, depois nos bancos escolares, tornam-se alunos, despojados de todas as coisas que possuíam. Talvez o erro esteja em achar que aquelas coisas de fora da escola são da natureza; e as da escola, da sociedade. Eu diria que nem uma coisa nem outra. Aquelas coisas de fora da escola são a cultura da criança que nunca é matriculada, e as coisas da escola não são bem as coisas da sociedade.

Neste livro, Jocimar nos apresenta Marcel Mauss. Apenas isso já seria uma belíssima contribuição para a Educação Física. Porém, mais que isso, leva-nos a um agradável passeio pela Antropologia Social. Como todas as coisas desta obra, nada deixa de ser interessante. Creio que os estudos feitos no campo da Antropologia passarão, a partir destes escritos, a despertar maior interesse entre os profissionais da área de Educação Física.

Escrito em linguagem clara e direta, este livro não reproduz a rigidez das teses acadêmicas. Sem abrir mão do rigor científico, nitidamente se preocupa com os aspectos estéticos que caracterizam uma literatura de boa qualidade. Como leitor, agradecemos a consideração; como profissionais da área de Educação Física, saudamos a oportunidade de ver uma tese acadêmica sair das prateleiras da universidade e penetrar um público muito mais amplo que aquele que frequenta os bancos escolares.

Estou honrado com a solicitação que me foi feita de prefaciar este livro. Não é de hoje que conheço o autor. Fui seu professor na Faculdade de Educação Física. De lá para cá temos sido amigos e companheiros de trabalho. Sou testemunha de sua seriedade na profissão, que exerce com a mesma competência com que consegue ser amigo, meu e de tantas pessoas que, seguramente, aguardavam com ansiedade o lançamento de sua primeira obra escrita.

Jocimar junta-se ao esforço de outros autores na área de Educação Física que entendem que um livro deve ser para muitos e não apenas para um círculo fechado de "iniciados". O conhecimento não pode ser monopólio de grupos restritos. Distribuí-lo constitui, no meu entender, a mais democrática das atitudes.

João Batista Freire

APRESENTAÇÃO

Este trabalho, com algumas modificações, é a minha dissertação de mestrado, defendida em dezembro de 1992 na Escola de Educação Física da USP. Pretendi torná-la um pouco mais leve e ágil, a fim de que possa ser lida por um público maior. Na verdade, quando da realização da dissertação, eu já pensava em transformá-la em livro, já que a própria temática e o contato com os professores de Educação Física da rede pública estadual de São Paulo mostraram-me sua dificuldade e, ao mesmo tempo, a vontade de reciclar sua prática. Espero que, de alguma forma, este livro possa ser útil aos profissionais e estudantes, não só de Educação Física, mas de todas as áreas que trabalham sobre e através do corpo humano.

Este livro não se tornaria realidade sem a concorrência de uma série de pessoas que foram fundamentais na minha vida nestes últimos anos.

Quem me apresentou à Antropologia foi Carmen Cinira de Macedo, que me orientou de julho de 1989 até sua morte, em outubro de 1991. Entre outras coisas, ela me ensinou o prazer de fazer pesquisa. Ela deve estar feliz em ver este livro. É minha coautora.

Após a morte de Carmen, Maria Lúcia Montes adotou-me e foi fundamental na conclusão do processo. Eu dispunha, então, de pouco mais de um ano para a qualificação, o trabalho de campo, a redação final e a defesa da dissertação. Por várias vezes achei que não iria conseguir. Foi ela quem me conduziu nessa etapa, com muita competência e muito carinho.

Gostaria de ressaltar também a participação atenciosa na pesquisa dos professores da 14ª Delegacia de Ensino do Estado. Sem essa colaboração, a pesquisa se tornaria impossível.

Os amigos que me acompanharam de várias maneiras nesse processo, eu não cito. Seriam muitos e não vou correr o risco de esquecer algum. Eles se sabem meus amigos e, por isso mesmo, não fazem questão de ver seus nomes aqui citados.

Vou citar os meus anjos da guarda, que foram aquelas pessoas que ficaram cochichando no meu ouvido nos momentos difíceis dessa jornada: Ovidio e Elza, meus pais, Gui, meu filho, e Lúcia, minha terapeuta.

O que um autor deve esperar do seu livro? É difícil responder. A Carmen Cinira, na apresentação de *Tempo de Gênesis*, dizia que esperava que o seu livro tivesse sabor doce. Eu me contentaria apenas que o meu tivesse sabor.

INTRODUÇÃO

*As coisas estão no mundo,
só que eu preciso aprender.*

Paulinho da Viola

Este trabalho utiliza um referencial teórico próprio da Antropologia Social para analisar a prática de professores de Educação Física na rede pública de primeiro grau. Pretendemos com esse enfoque uma nova forma de olhar a atuação de professores de Educação Física e assim conseguir desvendar e compreender um pouco melhor sua prática. Isso porque a Antropologia Social, como veremos com detalhes no próximo capítulo, pauta-se pelo estudo do homem nas suas relações sociais, entendendo-o como construtor de significados para as suas ações no mundo. Se o homem é sempre um ser social, vinculado a redes de sociabilidade, com uma grande capacidade de agir simbolicamente, ele também o é na sua atividade profissional. É assim que olhamos para os professores de Educação Física: como um grupo constituído por seres sociais, buscando e fazendo de sua atuação profissional cotidiana o sentido para suas vidas.

A Antropologia Social pode nos auxiliar nessa empreitada na medida em que nos mostrar que os professores de Educação Física, como seres sociais que são, imersos numa dinâmica cultural, possuem um universo de representações – sobre o mundo, o corpo, a atividade física, a profissão que exercem, a escola etc. – que define e orienta a atividade profissional na área. Em outros termos, devemos considerar a sua ação como ligada a esse conjunto de representações e não como um dado isolado. O que os professores fazem é importante e significativo, mas também o é a forma como eles justificam, explicam e procuram sentido naquilo que fazem.

É válido ressaltar que não pretendemos, ao lançar mão de recursos da Antropologia, perder de vista nosso objeto principal de investigação: a atuação de professores de Educação Física nas escolas de primeiro grau. Utilizaremos o chamado "olhar antropológico" para colocar em foco a atuação dos professores nas escolas, não em termos exclusivamente fisiológicos, pedagógicos, sociológicos ou psicológicos, mas num aspecto relacional que engloba todos eles, já que na sua prática cotidiana os professores constroem significados sobre essas áreas.

Esta pesquisa considerará a experiência concreta de professores de Educação Física da rede pública, resgatando-a e respeitando-a, já que é das mais profícuas. Não pretendemos culpá-los por não agirem de uma determinada maneira, mas compreender sua prática, na sua amplitude e nos seus limites. A consideração da experiência de professores de Educação Física do ensino público ganha importância redobrada num momento em que o seu trabalho mostra-se desvalorizado, tanto por parte dos órgãos governamentais responsáveis pela educação como, e principalmente, por parte dos próprios professores. Pretendemos demonstrar a riqueza de sua prática na construção de representações sobre o seu papel na sociedade. Segundo Macedo:

> Cumpre não esquecer que a atividade humana envolve, sempre, o esforço dos homens de construir e integrar significados que possam dar sentido a sua vida concreta e que esse esforço se traduz em formas de conceber suas próprias inserções na realidade social. (1985, p. 143)

A pesquisa com professores de Educação Física não é novidade. Muitas pesquisas, nos últimos anos, têm se debruçado sobre esse objeto de estudo, mas com finalidades e referenciais diferentes dos nossos. Estudou-se muito o currículo das faculdades que preparam esses professores, concluindo-se, de maneira geral, que as disciplinas técnico-esportivas são predominantes, levando esses profissionais a uma falta de embasamento teórico que possa conduzir a uma transformação da sua prática. Várias pesquisas constataram a ênfase curricular de disciplinas da área biológica e o número insignificante de disciplinas da área de humanas (Carmo 1982; Gallardo 1988). Algumas pesquisas investigaram o nível de consciência política dos professores, concluindo que sua prática reproduz valores vigentes da sociedade capitalista (Coutinho 1988; Ferreira 1984). Um outro grupo de pesquisas investigou os determinantes históricos que influenciaram a prática de Educação Física ao longo dos anos no Brasil (Betti 1991; Castellani Filho 1988; Soares 1994). Outras pesquisas procuraram, ao analisar as competências didáticas necessárias ao professor de Educação Física, traçar o seu perfil ideal (Faria 1985; Santos 1984). Algumas pesquisas analisaram diretamente o trabalho dos professores (Cavallaro 1990; Moreira 1990; Pires 1990). Outras, ainda, preocuparam-se com os procedimentos de avaliação adotados pelos professores de Educação Física (Figueiredo 1988).

Entretanto, poucas investigações em Educação Física olharam para os professores como agentes sociais e para sua prática como determinada culturalmente. Sua prática não é mecanicamente influenciada pelo currículo da faculdade, embora consideremos a mudança deste como importante. É condição necessária, mas não suficiente. Da mesma forma que um aumento salarial substancial pode não garantir, por si só, uma prática docente consequente. Porque, como elementos sociais que são, esses professores traduzem, em sua prática docente, determinados valores segundo a forma como foram educados, como foram preparados profissionalmente, segundo a escola em que trabalham etc. É óbvio que a formação profissional é significativa nesse processo de tradução e filtragem de valores. Mas a história de vida desses professores também é, fato não considerado em outros trabalhos. Que tipo de crianças foram? Como brincavam? De que modo eram como alunos de Educação Física no primeiro grau? Quando se decidiram pela carreira? Qual a reação dos pais em relação a essa escolha? Como se sentem como professores? São questões também determinantes na forma como esses profissionais concebem sua prática docente, trabalhando com e através do corpo de seus alunos, colocando sobre ele a competência que lhes deu sua formação específica.

Ao olhar para um grupo de professores de Educação Física, propusemo-nos a ver neles, na interação entre ação – o que fazem – e representação – como justificam o que fazem –, a síntese de toda uma experiência. Porque os professores de Educação Física são atores sociais, que trabalham num determinado cenário – escola, bairro, cidade etc. –, utilizando determinados conteúdos e seguindo determinadas regras, crenças, valores, certezas etc. Tudo isso possui raízes na própria dinâmica da vida social. São essas ligações entre a prática cotidiana dos professores e as questões sociais mais amplas que serão mostradas neste trabalho. A nossa intenção é desvendar, no plano simbólico da cultura, a lógica que rege a atuação de professores de Educação Física da rede pública de primeiro grau.

No capítulo seguinte faremos uma incursão pela Antropologia, buscando traçar um rápido histórico dessa disciplina e mostrando alguns dos seus pressupostos metodológicos que dão suporte à nossa análise do trabalho de professores de Educação Física. Apesar do risco de esse capítulo tornar-se monótono e desinteressante, consideramos importante essa discussão a fim de que o leitor compreenda o "olhar antropológico" utilizado na nossa análise posterior.

Em seguida mostraremos que o corpo humano é construído culturalmente, e que a tendência em pensá-lo como exclusivamente biológico revela uma determinada concepção sobre natureza humana. Na verdade, a Antropologia estruturou-se como disciplina a partir da oposição entre natureza e cultura. Ora, essa oposição está presente no corpo humano, que é, ao mesmo tempo, natural e social, possuindo um componente inato e outro adquirido. Aliás, o próprio termo "Educação Física", na forma como foi concebido e utilizado ao longo dos anos, pressupõe uma influência cultural sobre um físico biológico.

Ainda neste capítulo, destacaremos os estudos de Marcel Mauss, que vislumbrou, já em 1935, a análise do corpo como determinado culturalmente, permitindo-nos abordar a prática corporal como um "fato social total", para usar um termo por ele criado. Esse referencial iniciado por Mauss permitiu-nos analisar a Educação Física e o trabalho dos seus profissionais sob uma perspectiva diferente da que tem sido utilizada até hoje.

É essa análise que está apresentada nos dois capítulos subsequentes. Será apresentada a pesquisa de campo propriamente dita, desde a escolha das escolas na Delegacia de Ensino, o contato com as direções das unidades e com os professores, até a análise das entrevistas. Nesse momento, a partir da interação entre a ação e a representação, ou, em outros termos, entre o que os professores fazem e a forma como justificam o que fazem, será possível reconstruir a lógica que ordena sua atuação profissional.

E, finalmente, na seção reservada às conclusões, a partir da análise das ações e das representações dos professores, será possível discutir as implicações pedagógicas da Educação Física na escola atual, vislumbrando uma prática que tenha por referencial o caráter cultural, não só do corpo com o qual trabalha, mas dos conteúdos que desenvolve. Uma Educação Física que, emprestando da Antropologia o princípio da alteridade,[1] permita considerar que todos os alunos, independentemente de suas diferenças, são iguais no direito à sua prática.

---

1. A Antropologia nos ensina a considerar as diferenças entre os vários grupos humanos não como desigualdades, mas como características específicas de cada grupo. Assim, fazer Antropologia exige, de alguma forma, colocar-se no lugar do outro, procurando compreender sua dinâmica cultural própria. O princípio da alteridade implica a consideração e o respeito às diferenças humanas.

1
ANTROPOLOGIA:
UM DESLOCAMENTO DO OLHAR

(...) aquilo que os seres humanos têm em comum é sua capacidade para se diferenciar uns dos outros (...).

François Laplantine

Laplantine (1988) afirma que a Antropologia, em particular a Antropologia Social, propõe-se a estudar tudo o que constitui uma sociedade – seus modos de produção econômica, suas técnicas, sua organização política e jurídica, seus sistemas de parentesco, seus sistemas de conhecimento, suas crenças religiosas, sua língua, suas criações artísticas. Entretanto, a Antropologia consiste menos no levantamento sistemático desses aspectos do que em estudar a maneira particular como estão relacionados entre si e por meio dos quais aparece a especificidade de uma sociedade.

Historicamente, a Antropologia constituiu-se como disciplina específica durante o século XIX, embora seja possível considerar o seu início há mais tempo, na medida em que sempre houve alguém interessado na reflexão e no estudo de outros povos e outros costumes.

Até o final do século XIX, a pesquisa antropológica possuía um caráter evolucionista, concordando com o paradigma científico em voga, que, ao considerar todos os homens como integrantes da mesma espécie animal, procurava descobrir a origem da espécie, para justificar suas diferenças a partir de ritmos desiguais de desenvolvimento. Os antropólogos da época nada mais faziam do que coletar informações e materiais dos vários povos do mundo, quase sempre trazidos por missionários, viajantes ou mercadores. As interpretações eram feitas a distância dos vários agrupamentos humanos, a partir do pressuposto de que o homem, ao longo da sua evolução, passou por vários estágios, desde o nível mais primitivo até o mais civilizado; alguns concluindo todo esse desenvolvimento, outros interrompendo-o em estágios anteriores. Em 1877, Morgan classificou os homens em três estágios básicos de desenvolvimento: selvageria, barbárie e civilização. Nessa visão etnocêntrica, os povos considerados primitivos nada mais eram do que os não europeus da América, da Ásia e da África, que, por condições ambientais ou históricas, ainda não tinham atingido o estado de civilização característico da sociedade europeia do século XIX. A diferença era pensada como inferioridade (Morgan 1946).

Se, por um lado, a Antropologia evolucionista estimulava o preconceito racial e justificava a prática colonialista, por outro lado – e esse foi o seu mérito –, ela permitiu o reconhecimento de uma mesma humanidade para todos os homens. Todos os seres encontrados nos mais distantes locais, por mais diferentes e estranhos que fossem, faziam parte da humanidade, ou, no dizer de Morgan, da família humana.

No início do século XX, com Franz Boas e, principalmente, com Bronislaw Malinowski, a Antropologia passou por uma revolução conceitual e metodológica. O trabalho do antropólogo, até então elaborado a partir do material coletado por pessoas sem treino profissional, foi substituído pela pesquisa feita no campo. O pressuposto era o de que só seria possível entender a dinâmica de uma cultura se houvesse uma forte interação do pesquisador com o seu objeto de estudo. O antropólogo, para a realização de sua pesquisa, teria que viver com os nativos, falar a sua língua, enfim, buscar o sentido e a função de qualquer costume no contexto do grupo. Ao trabalho de coleta de dados foi incorporada a reflexão, já que cada sociedade era considerada como uma entidade autônoma, em que cada detalhe observado possuía um sentido. Antes de Boas e Malinowski, acreditava-se que os dados estavam nas sociedades, podendo ser coletados por qualquer viajante. Agora, o pesquisador buscava compreender a sociedade, relacionar os fatos entre si, estudar os mínimos detalhes, decifrar os fenômenos sociais da perspectiva dos próprios membros da sociedade. Já se percebe aqui o respeito ao princípio da alteridade, uma das premissas da ciência antropológica atual.

Essa nova forma de fazer Antropologia exerceu forte influência nos pesquisadores da área durante as décadas seguintes, fazendo-se presente até os dias de hoje. A crítica ao evolucionismo deu lugar a novos referenciais teóricos, a partir dos quais passou-se a considerar os homens como diferentes entre si, mas não superiores ou inferiores. No surgimento dessa nova concepção de homem, dois fatores podem ser considerados: a crítica crescente que a própria Antropologia passou a fazer contra sua postura etnocêntrica e colonialista, e a redução do seu campo de estudo devido ao intenso processo de descolonização. Tem-se como somatória, nos dias de hoje, uma Antropologia cujo objeto de pesquisa não está mais ligado a um espaço geográfico, cultural ou histórico particular. Permitiu-se, assim, uma ampliação do seu campo de atuação (Kuper 1978).

Dessa perspectiva, é possível desmitificar a ideia de "estudo do que nos é estranho", ainda reinante no senso comum, que considera a Antropologia a ciência que estuda tribos longínquas e exóticas. Como define Laplantine (1988), a Antropologia nada mais é do que um certo olhar, um certo enfoque, que consiste em estudar o homem inteiro e em todas as sociedades, sob todas as latitudes, em todos os seus estados e em todas as épocas. Ou, dito de outro modo, trata-se de estudar o homem em todas as suas práticas e os seus costumes.

Assim, a Antropologia pode estudar também a nossa sociedade, não apenas a partir de um conjunto de aspectos exteriores e materiais, mas como provida de sentido e significação. O termo cunhado para este estudo é "Antropologia das Sociedades Complexas", que permite o estudo de qualquer grupo contemporâneo, tais como operários, militantes de um partido político, homossexuais, grupos religiosos ou, ainda, professores de Educação Física. Brandão, discutindo o objeto de estudo da Antropologia atualmente, afirma:

A mulher, a criança, o bandido, o capelão de roça, o profeta urbano de um novo surto religioso, os grupos tradicionais ou renovadoramente minoritários, ou então este ator surpreendente que é o homem comum em seus dias de cotidiano, eis os sujeitos cuja vida ou cujo modo peculiar de participação na vida de todos nós tem suscitado velhas e novas perguntas à Antropologia. (1987, pp. 47-48)

O conhecimento antropológico da nossa cultura passa, inevitavelmente, pelo conhecimento das outras culturas, reconhecendo que somos uma cultura possível entre tantas outras, mas não a única. Entretanto, esse conhecimento não se dá objetivando apenas a comparação com a nossa para percebermos quão diferentes elas são. Esse conhecimento é realizado a fim de se compreender o sentido de determinada manifestação cultural numa dada sociedade e, a partir daí, relacionar com certos aspectos da nossa própria sociedade. Porque, apesar das diferenças entre as várias sociedades, existem semelhanças entre os seres humanos, das quais a mais interessante é a capacidade de se diferenciarem uns dos outros, de se expressarem das mais variadas formas, sem perderem a condição de seres humanos. O antropólogo, a partir de observações em outras sociedades, vai notando certas diferenças em relação à sua própria sociedade. Esse estranhamento em relação a determinados hábitos e comportamentos o faz olhar criticamente para características até então tidas como naturais em sua sociedade. É justamente essa variabilidade cultural que torna a humanidade plural e faz com que os homens, apesar de pertencerem todos à mesma espécie, se expressem por meio de especificidades culturais (Laplantine 1988).

Um texto de Miner (1973), intitulado "Ritos corporais entre os nacirema", ilustra bem essa questão do estranhamento da nossa cultura, quando supõe um antropólogo observando uma cultura exótica, que nada mais é do que a cultura americana.[1]

É justamente esse movimento de olhar para o outro e olhar para si mesmo através do outro que constitui a especificidade do chamado "olhar antropológico". Segundo Laplantine:

---
1. Leia-se "nacirema" de forma invertida.

A abordagem antropológica provoca, assim, uma verdadeira revolução epistemológica, que começa por uma revolução do olhar. Ela implica um descentramento radical, uma ruptura com a ideia de que existe um "centro do mundo", e, correlativamente, uma ampliação do saber e uma mutação de si mesmo. (1988, pp. 22-23)

Uma das ideias básicas que justificam lançar um "olhar antropológico" também sobre grupos contemporâneos é uma perspectiva metodológica associada ao conceito de "fato social total", desenvolvido por Marcel Mauss no início deste século. A noção de "fato social total" implica a compreensão de que em qualquer realização do homem podem ser encontradas as dimensões sociológica, psicológica e fisiológica. Essa tríplice abordagem só é possível de ser alcançada porque essas dimensões constituem uma unidade, quando encarnadas na experiência de qualquer indivíduo membro de determinada sociedade (Lévi-Strauss 1974). A partir desse conceito criado por Mauss, a Antropologia passou a priorizar, na sua forma de olhar o homem, os seus comportamentos e a sua atuação específica nos grupos, em vez de trabalhar com enfoques considerados mais abstratos, como sociedades, ideias ou regras sociais. Como explica Mauss: "(...) o dado é Roma, é Atenas, é o francês médio, é o melanésio dessa ou daquela ilha, e não a prece, ou o direito em si" (1974, v. 2, p. 181).

Durkheim, influenciador da obra de Mauss, já propunha desde 1894, quando da publicação de seu livro *As regras do método sociológico*, o tratamento dos fatos sociais como "coisas", que só poderiam ser explicados quando relacionados a outros fatos sociais. Dessa forma, ele definia um método sociológico para a análise dos fenômenos sociais e a Sociologia conquistava sua autonomia ao constituir um objeto próprio de estudo (Durkheim 1960). Porém, enquanto Durkheim recusava-se a explicar os fenômenos sociais por meio de estados de consciência individuais, Mauss tentaria posteriormente, durante boa parte de sua obra, estabelecer as conexões entre essas duas dimensões em si, e destas com a dimensão fisiológica. Embora concordando com Durkheim que o fato social era irredutível a uma explicação em nível individual, Mauss acreditava, no entanto, que o fato social só poderia ser completamente compreendido se observado em sua incorporação numa experiência individual. Em sua aula inaugural na cátedra de História das Religiões de Povos Não Civilizados, em

1902, Mauss, além de esclarecer que não existem povos "não civilizados" mas civilizações diferentes, antecipava já um importante conceito que nortearia toda a sua obra e, posteriormente, exerceria uma influência decisiva sobre Lévi-Strauss: o caráter inconsciente dos costumes. Afirmava ele que o etnógrafo deveria buscar os fatos profundos, quase inconscientes, que existem na tradição coletiva. Deixava ele claro, desde essa época, que os costumes de um povo estavam encarnados em cada indivíduo membro desse povo e só por meio da sua unidade, tal como incorporada na experiência individual, é que poderiam ser compreendidos (Mauss 1979).

Apesar do caráter diferencial da proposta de Mauss em relação a Durkheim, a contribuição de ambos foi decisiva para uma estruturação da Antropologia como saber científico, já que foi a partir daí que o aspecto social no estudo do homem passou a ter autonomia. Os costumes e os hábitos de um povo passaram a ser estudados como fatos sociais independentes de uma explicação histórica, como no evolucionismo de poucos anos antes, ou de uma explicação geográfica, que fazia da Antropologia o estudo de povos fisicamente distantes, ou ainda de uma explicação psicológica, que tratava um fenômeno social como consequência de um conjunto de estados afetivos ou motivacionais individuais.

A partir dessa nova perspectiva, tornou-se possível analisar não só as sociedades ditas primitivas, mas também compreender o comportamento de indivíduos e grupos na sociedade contemporânea. O pressuposto, tanto em um como no outro caso, é o de que a experiência individual ou grupal é uma expressão sintética da cultura em que o indivíduo ou o grupo vive, cabendo ao pesquisador o mapeamento e a reconstrução da lógica que ordena seus comportamentos. Como não existem comportamentos naturais, o pesquisador deve tentar decifrar, nos valores e nas atitudes de indivíduos ou grupos, a expressão de uma construção social que só se compreende quando referida a aspectos globais da sociedade. Como afirma Durham (1977), a noção de cultura parte do estabelecimento de uma unidade fundamental entre ação e representação, unidade esta que está dada em todo comportamento social, cabendo ao trabalho de pesquisa proceder no nível da investigação do comportamento real de grupos concretos. Pensando dessa forma, é possível realizar uma pesquisa antropológica a partir de qualquer comportamento que um determinado grupo possa expressar. É possível também pensar, como fez Mauss, no conjunto de gestos corporais desenvolvidos pelo homem ao longo de sua história como um profícuo objeto de estudo das sociedades.

A característica principal da pesquisa antropológica é o reconhecimento do lugar e do papel ocupados pelo observador. Quando os pesquisadores trabalhavam com povos exóticos de regiões longínquas, o distanciamento sujeito/objeto era um dado de fato, devido até mesmo à distância geográfica entre o observador e o observado. Além disso, a pesquisa antropológica possuía, como já afirmado, um caráter etnocêntrico, que facilitava a crença de que o papel do pesquisador consistia em ser uma "testemunha objetiva" de culturas diferentes. Com a consideração da reflexividade na construção do objeto da Antropologia, olhar o outro acabou se transformando numa forma de olhar a si mesmo. Por isso, a pesquisa antropológica sempre implica o reconhecimento do papel e do lugar da subjetividade do observador. Laplantine (1988) coloca que o pesquisador não é uma testemunha objetiva observando objetos, mas um sujeito observando outros sujeitos. E alerta para o risco, se essa subjetividade não for considerada, de uma cientificidade desumana ou de um humanismo não científico. Toda e qualquer observação que o pesquisador possa fazer ao analisar um grupo específico será mediada pelo seu referencial cultural, expresso na sua subjetividade. O que lhe agradará, o que lhe causará aversão, o que lhe parecerá justo, o que lhe parecerá desumano, enfim, o que se destacará para ele será em função de sua condição de sujeito participante de uma cultura e será intermediado pela sua subjetividade. Por isso DaMatta (1978) pode afirmar que não seria exagero dizer que a Antropologia é um mecanismo dos mais importantes para deslocar nossa própria subjetividade.

Cardoso (1986), falando do lugar da subjetividade do observador, afirma que não se trata de um descontrole que invade e perturba o campo da reflexão racional, mas de um fator intrínseco à relação entre duas pessoas, o pesquisador e seu informante. Laplantine destaca a utilidade do reconhecimento da subjetividade do pesquisador:

> A perturbação que o etnólogo impõe através de sua presença àquilo que observa e que perturba a ele próprio, longe de ser considerada como um obstáculo que seria conveniente neutralizar, é uma fonte

infinitamente fecunda de conhecimento. Incluir-se não apenas socialmente mas subjetivamente faz parte do objeto científico que procuramos construir, bem como do modo de conhecimento característico da profissão de etnólogo. A análise, não apenas das reações dos outros à presença deste, mas também de suas reações às reações dos outros, é o próprio instrumento capaz de fornecer à nossa disciplina vantagens científicas consideráveis, desde que se saiba aproveitá-lo. (1988, pp. 172-173)

Procurando contribuir para o aprofundamento da discussão da metodologia antropológica, DaMatta (1978) afirma que o trabalho do pesquisador resume-se numa dupla tarefa de afastamento e aproximação, que consiste, por um lado, em transformar o exótico em familiar e, por outro, o familiar em exótico, embora ressalve que o exótico nunca pode passar a ser familiar, e o familiar nunca chega a ser exótico. Na primeira tarefa, o pesquisador deve buscar decifrar o que se lhe apresenta como incompreensível. Na segunda, deve procurar estranhar aquilo que à primeira vista é conhecido, a fim de manter um distanciamento necessário à pesquisa.

O antropólogo Gilberto Velho discute com propriedade o caráter de familiaridade de que pode estar imbuído o objeto de pesquisa. Buscando perceber alguns mecanismos que sustentavam a lógica das relações sociais internas e externas, o estilo de vida e a visão de mundo de um grupo de moradores de um prédio de classe média carioca, o autor pesquisou o seu próprio local de moradia. Segundo ele, o objeto de pesquisa pode ser familiar e não ser, necessariamente, conhecido. Afirma ainda que o familiar pode ser

> (...) objeto relevante de investigação para uma Antropologia preocupada em perceber a mudança social não apenas ao nível das grandes transformações históricas, mas como resultado acumulado e progressivo de decisões e interações cotidianas. (1978, p. 46)

Geertz (1989) também coloca o papel interpretativo do pesquisador em relação aos dados, fazendo o que ele chamou de "descrição densa". Segundo ele, qualquer análise cultural vai ser sempre uma leitura sobre o real, e de segunda mão, já que é uma reconstrução da realidade e não a realidade em si. No exemplo citado por ele, em que dois garotos piscam rapidamente o olho direito, fica explicitado o trabalho do antropólogo, que é o de dar conta dos significados sociais de determinado comportamento. O movimento em si é o mesmo; entretanto, o primeiro garoto está apresentando um tique nervoso e o segundo, uma piscadela conspiratória. Poder-se-ia ainda, seguindo o exemplo, pensar num terceiro garoto, que imita o tique nervoso. Numa quarta situação, poder-se-ia ter o imitador diante de um espelho, ensaiando o tique nervoso do primeiro garoto. E uma quinta possibilidade seria um outro garoto fingir a piscadela conspiratória do segundo. A "descrição densa", ao contrário de uma simples descrição, daria conta da "hierarquia estratificada de estruturas significantes" (1989, p. 17) de fatos sociais, muitas vezes, simples e, aparentemente, indiferenciados. O movimento de piscar o olho implica, além do componente fisiológico, um componente simbólico, de caráter social, o que torna vários movimentos, anatomicamente muito semelhantes, passíveis de descrições diferentes.

A Antropologia nos ensina a evitar qualquer tipo de preconceito, uma vez que todo comportamento humano, por possuir uma dimensão pública, não pode ser julgado por meio de conceitos implacáveis como bom/mau ou certo/errado. O entendimento de qualquer atitude humana deve ser buscado em referenciais culturais que dão sentido a essas atitudes. Como vimos, o chamado "olhar antropológico" implica uma relação especular entre quem olha e quem é olhado. Olhar para o outro é, em alguma medida, olhar para si mesmo através do outro, porque a forma de olhar é também influenciada pela cultura.

Essa contribuição da Antropologia, por si só, é útil para qualquer área do conhecimento e também para a Educação Física, que não tem o hábito de considerar as diferenças existentes entre alunos e grupos de alunos de forma não preconceituosa. Em relação a esse tema, voltaremos a tratar posteriormente.

Nessas breves considerações sobre a Antropologia e seus pressupostos metodológicos não tivemos por finalidade esgotar o assunto. Pretendemos unicamente esboçar o referencial a partir do qual estudaremos o corpo como construção cultural e sede de signos sociais, estudo este que nos oferecerá subsídios para a posterior análise do trabalho de professores de Educação Física.

2
A CONSTRUÇÃO CULTURAL DO CORPO HUMANO

*Hoje, trago em meu corpo
as marcas do meu tempo.*

Taiguara

A natureza cultural do homem

Durante o século XIX, houve um extraordinário desenvolvimento científico, indo da Química à Geologia, passando pela Botânica e pela Zoologia para chegar à Biologia, ao lado do desenvolvimento da Arqueologia, da Paleontologia e da Filologia. Esse desenvolvimento científico coincidiu com a estruturação da Antropologia como ciência, oferecendo a ela um referencial teórico que provinha das ciências naturais. Esse referencial deu bases teóricas ao pensamento evolucionista, que se interessava por compreender a história do gênero humano, estudando o princípio do homem como espécie animal no reino da natureza. Por isso pode-se dizer que a noção fundante da Antropologia Social é a oposição entre natureza e cultura. Pensava-se que, ao encontrar a origem do homem, seria possível entender o seu desenvolvimento desigual e, assim, compreender as diferenças existentes entre os vários tipos humanos. Para se chegar ao "homem original" seria preciso ir retirando a sua roupagem cultural até atingir um ser natural, puro de qualquer influência cultural, anterior ao desenvolvimento social. Segundo os pesquisadores da época, esse primeiro homem estaria no limite entre o máximo desenvolvimento biológico dos australopitecos e a atitude cultural primeira do *homo sapiens*. Em outros termos, o que se buscava era o homem biologicamente pronto, sem as influências do meio ambiente e das dimensões socioculturais responsáveis pela diferenciação futura. Esse homem possuiria uma constituição biológica próxima da que temos hoje e estaria, ao longo da evolução, no ponto exato do salto qualitativo responsável pela transformação que culminou no homem.

Essas premissas foram sendo questionadas nas décadas seguintes, dando bases para o desenvolvimento da Antropologia, no sentido de estabelecê-la como ciência social e não mais natural. Já neste século, com os avanços dos estudos arqueológicos, foi possível refutar as ideias de linearidade e sequenciação no desenvolvimento humano. Foram encontrados indícios de cultura datados de uma época anterior ao *homo sapiens*, o que contradizia a tese de uma maturação cerebral anterior ao início do desenvolvimento cultural (Leakey & Lewin 1980; Leakey 1981). Geertz (1989), retomando recentemente essa discussão clássica, afirma que, ao longo da evolução do homem, houve um período de superposição entre o desenvolvimento cerebral e o desenvolvimento sociocultural. De fato, um simples aumento do número de neurônios parece não garantir, por si só, uma atuação cerebral desenvolvida. O autor sustenta que a capacidade mental, durante sua evolução, foi permitindo certos comportamentos culturais, como a utilização de ferramentas, o convívio social, o início da linguagem, que determinaram a evolução final do organismo humano. Dessa forma, a cultura, mais que consequência de um sistema nervoso estruturado, seria um ingrediente para o seu desenvolvimento.

Hallowell (1974) também compartilha dessa concepção, ao deduzir a existência de uma fase protocultural na evolução hominídea. A evolução social dos primatas, o hábitat terrestre, a comunicação já existente entre os primeiros hominídeos e a organização psicológica crescente alicerçaram as bases para o desenvolvimento cultural posterior.

Com essas considerações é possível questionar a noção de que existe uma dimensão puramente biológica na natureza do homem. Se houve um desenvolvimento interativo entre os componentes biológicos e socioculturais, um afetando o outro igualmente, não é possível separar esses dois aspectos. O cérebro humano é também cultural, já que desenvolvido, em grande parte, após o início da cultura e influenciado e estimulado por atitudes culturais.

Outro fator que corrobora a tese da ausência de uma natureza humana essencialmente biológica é a compreensão de que o homem é um animal incompleto. A natureza humana é caracterizada justamente pela ausência de orientações intrínsecas, geneticamente programadas, na modelagem do comportamento do homem (Durham 1984). Conforme afirma Gehlen (1973), no homem atual só é possível encontrar resquícios de instintos. Segundo ele, é justamente esse processo de redução dos instintos que explica a plasticidade e a inventividade de condutas no homem. De fato, o homem, ao nascer, é biologicamente mais dependente do que grande parte dos mamíferos. Essa carência instintiva inicial, entretanto, permite que ele adquira a bagagem necessária – em termos de conceitos, valores, crenças e comportamentos – para sua vida em sociedade. É Geertz quem afirma:

> (...) nós somos animais incompletos e inacabados que nos completamos e acabamos através da cultura – não através da cultura em geral, mas através de formas altamente particulares de cultura (...). (1989, p. 61)

A espécie humana só chegou a se constituir como tal pela concorrência simultânea de fatores culturais e biológicos. Traçar uma linha divisória entre o que é natural, universal e constante no homem e o que é convencional, local e variável é, na opinião de Geertz, difícil. Diz ele que "(...) traçar tal linha é falsificar a situação humana, ou pelo menos interpretá-la mal (...)" (1989, p. 48). Porque todo e qualquer homem que se possa considerar será sempre influenciado pelos costumes de lugares particulares, não existindo um homem sem cultura.

Afirmando que não existe natureza humana independente da cultura, Geertz hipotetiza homens sem cultura, afirmando que eles

(...) seriam monstruosidades incontroláveis, com muito poucos instintos úteis, menos sentimentos reconhecíveis e nenhum intelecto. (1989, p. 61)

Na busca da compreensão do homem, Geertz afirma que ele não pode ser definido nem pelas suas habilidades inatas, nem pelo seu comportamento real, mas pelo elo entre esses dois níveis, pela forma em que o primeiro é transformado no segundo por meio de atuações específicas em situações culturais particulares. Nesse sentido, o autor refuta o que ele denomina "concepção estratigráfica" da natureza do homem, segundo a qual os fatores biológico, psicológico, social e cultural manteriam entre si uma relação de superposição no comportamento humano, podendo, por isso, cada um deles ser isolado para fins de estudo. Essa concepção pretende descobrir universais humanos constantes em todas as partes do mundo. O processo dessa busca é ir retirando as camadas do homem, "descascando-o" dos valores culturais, sociais, psicológicos, até chegar aos fundamentos biológicos – anatômicos, fisiológicos, neurológicos – da vida humana, reivindicando autonomia para cada uma dessas dimensões. Em oposição a essa concepção estratigráfica, o autor propõe como própria da Antropologia uma concepção sintética, na qual os fatores biológicos, psicológicos, sociológicos e culturais possam ser tratados como variáveis dentro de sistemas unitários de análise. Não se pretende aqui a busca de características humanas universais abstratas, mas a análise dessas variáveis nas situações culturais particulares. Isso é o que constituiria a característica universal da natureza humana, pois, como afirma Geertz:

(...) pode ser que nas particularidades culturais dos povos – nas suas esquisitices – sejam encontradas algumas das revelações mais instrutivas sobre o que é ser genericamente humano. (1989, p. 55)

É a perspectiva de cultura como um mecanismo de controle, ou como sistemas organizados de símbolos significantes, que permite afirmar que o comportamento humano possui uma dimensão pública e "que seu ambiente natural é o pátio familiar, o mercado e a praça da cidade" (Geertz 1989, p. 57). Assim, a cultura torna-se necessária para a regulagem desse comportamento público do homem. É ela que dá o caráter de humanidade a essa espécie animal.

Não dirigido por padrões culturais (...) o comportamento do homem seria virtualmente ingovernável, um simples caos de atos sem sentido e de explosões emocionais, e sua experiência não teria praticamente qualquer forma. A cultura, a totalidade acumulada de tais padrões, não é apenas um ornamento da existência humana, mas uma condição essencial para ela – a principal base de sua especificidade. (Geertz 1989, p. 58)

A partir dessas colocações, torna-se impossível pensar a natureza humana como exclusivamente biológica e desvinculada da cultura. Pode-se afirmar que a natureza do homem é ser um ser cultural, ao mesmo tempo, fruto e agente da cultura. Poder-se-ia dizer, como Rodrigues (1986), que a estrutura biológica do homem lhe permite ver, ouvir, cheirar, sentir, pensar, e a cultura lhe forneceria o rosto de suas visões, os cheiros agradáveis ou desagradáveis, os sentimentos alegres ou tristes, os conteúdos do pensamento. Poder-se-ia, igualmente, afirmar que todos os seres humanos têm a capacidade biológica de sentir dor, mas o limite a partir do qual o indivíduo reclamará e passará a gemer é extremamente variável de cultura para cultura. Entretanto, essas afirmações são de pouca utilidade, porque, como diz Geertz (1989), traçar o limite entre o que é biológico e o que é cultural é muito difícil, impossível até, em grande parte dos casos. Além disso, o próprio conceito de natureza pode ser diferente de uma sociedade para outra, sendo ele próprio uma construção cultural, pois, como afirma Rodrigues, "(...) desde que construída socialmente, a idéia de Natureza é variável culturalmente" (1986, p. 21).

É a partir da concepção de que o homem possui uma natureza cultural e de que ele se apresenta em situações sociais específicas que se chega à ideia de que o que caracteriza o ser humano é justamente a sua capacidade de singularização por meio da construção social de diferentes padrões culturais. Afirma Geertz:

> Tornar-se humano é tornar-se individual, e nós nos tornamos individuais sob a direção dos padrões culturais, sistemas de

significados criados historicamente em termos dos quais damos forma, ordem, objetivo e direção às nossas vidas. (1989, p. 64)

O corpo: Sede de signos sociais

Nessa linha de pensamento desenvolvida por Geertz, de que ser homem não é ser qualquer homem, mas uma espécie particular de homem, é possível discutir o corpo como uma construção cultural, já que cada sociedade se expressa diferentemente por meio de corpos diferentes. Todo homem, mesmo inconsciente desse processo, é portador de especificidades culturais no seu corpo. Tornar-se humano é tornar-se individual, individualidade esta que se concretiza no e por meio do corpo, "(...) o mais natural, o mais concreto, o primeiro e o mais normal patrimônio que o homem possui" (Rodrigues 1986, p. 47).

É o mesmo Rodrigues (1987) quem afirma que o homem não consegue apreender o mundo tal qual o mundo é em sua objetividade, porque sua percepção está limitada à sua humanidade, que, por sua vez, está restrita à forma como cada sociedade "treinou" os órgãos dos sentidos dos seus indivíduos. Cada cultura pode enfatizar ou limitar um ou alguns sentidos.

Ao se pensar o corpo, pode-se incorrer no erro de encará-lo como puramente biológico, um patrimônio universal sobre o qual a cultura escreveria histórias diferentes. Afinal, homens de nacionalidades diferentes apresentam semelhanças físicas. Entretanto, para além das semelhanças ou diferenças físicas, existe um conjunto de significados que cada sociedade escreve nos corpos dos seus membros ao longo do tempo, significados estes que definem o que é corpo de maneiras variadas.

Sérgio (s.d.) afirma a corporeidade como o *locus* em que o homem transcende os determinismos biológicos e torna-se efetivamente humano:

> Assente na corporeidade, ou no físico e no biológico, ele mostra-se capaz de substituir o instintual por uma cultura que lhe determina a relação com os outros, explica a sua acção, orienta o seu destino. É assim que ele legitimamente se afirma como homem. (p. 143)

Lévi-Strauss (1976), buscando um critério para a diferenciação entre o que, na tradição do século XVIII, ficou conhecido como "estado de natureza", em oposição a um "estado de sociedade", afirma que onde se manifestar uma regra nas relações humanas, pode-se reconhecer a cultura; onde se observar uma característica constante, universal nos homens, pode-se encontrar a natureza. Por meio da aplicação desse duplo critério, Lévi-Strauss analisou o tabu do incesto, fenômeno que se encontra no limiar entre natureza e cultura, por existir em todas as sociedades e se constituir numa proibição, embora com conteúdos diferentes. Segundo o autor, "a proibição do incesto possui ao mesmo tempo a universalidade das tendências e dos instintos e o caráter coercitivo das leis e instituições" (1976, p. 49).

Ora, o tabu do incesto constitui precisamente a imposição de uma regra, uma ordenação da cultura sobre a natureza, ou sobre um corpo que poderia ser pensado como puramente "natural", "instintivo". O controle do uso do corpo aparece, portanto, como necessário ao surgimento da cultura. A cultura nada mais faz do que ordenar o universo por meio da organização de regras sobre a natureza. O controle da sexualidade coloca o corpo como sede da ordenação primeira da cultura sobre a natureza. O seu controle torna-se necessário para o surgimento do universo da cultura como condição de humanidade. Por outro lado, esse controle se dá também por meio da construção da própria noção de corpo e de natureza, construção esta que varia de uma sociedade para outra e de uma época para outra (Silva 1991).

Marcel Mauss (1974) tem o mérito de, pela primeira vez, ter incluído o corpo e o que ele chamou de "técnicas corporais" no âmbito dos estudos antropológicos. Conforme será discutido com detalhes na próxima seção, Mauss considerou os gestos e os movimentos corporais como técnicas criadas pela cultura, passíveis de transmissão através das gerações e imbuídas de significados específicos. Afirmou também que uma determinada forma de uso do corpo pode influenciar a própria estrutura fisiológica dos indivíduos. Um dos exemplos que ele citou foi a posição de cócoras, adotada em vários países, que causa uma nova conformação muscular nos membros inferiores.

Hertz (1980), num interessante artigo, discute a preferência da utilização da mão direita em relação à esquerda. O autor reconhece a existência de uma explicação biológica para o fato, segundo a qual a predominância da mão direita seria consequência de um maior desenvolvimento do hemisfério cerebral esquerdo, que governa os músculos do lado direito, é o centro da linguagem articulada e é responsável pelos movimentos voluntários. Mas acredita que tal explicação não dá conta da preferência quase absoluta pela mão direita, tendo, inclusive, surgido posteriormente a uma série de fatores culturais que, ao longo do tempo, foram acentuando essa predominância. Um dos exemplos citados é a associação que as palavras "direita" e "esquerda" possuem, em várias sociedades, com valores e expressões considerados positivos no primeiro caso e negativos no segundo. O autor deixa a questão se uma base neurológica constante teria determinado os hábitos ou se esse uso, durante muitos anos, teria influenciado o próprio desenvolvimento cerebral.

Segundo Rodrigues (1986), o corpo humano, como qualquer outra realidade do mundo, é socialmente concebido e a análise de sua representação social oferece uma via de acesso à estrutura de uma sociedade particular. Cada sociedade elege um certo número de atributos que configuram o que e como o homem deve ser, tanto do ponto de vista intelectual ou moral quanto do ponto de vista físico.

No corpo estão inscritos todas as regras, todas as normas e todos os valores de uma sociedade específica, por ser ele o meio de contato primário do indivíduo com o ambiente que o cerca. Mesmo antes de a criança andar ou falar, ela já traz no corpo alguns comportamentos sociais, como o sorrir para determinadas brincadeiras, a forma de dormir, a necessidade de um certo tempo de sono, a postura no colo. Para reforçar esse ponto de vista, Kofes (1985) afirma que o corpo é expressão da cultura, portanto cada cultura vai se expressar por meio de diferentes corpos, porque se expressa diferentemente como cultura. DaMatta chega a afirmar que "(...) tudo indica que existem tantos corpos quanto há sociedades" (1987, p. 76).

Os exemplos sobre essas diferenças culturais expressas por meio do corpo são esclarecedores. Pode-se adivinhar, com bom índice de acerto, a origem de determinado indivíduo observando-se a distância sua gesticulação, sua forma de andar, sua postura corporal. Rodrigues (1987) descreve com bom humor as situações constrangedoras pelas quais passou quando, num país estrangeiro, manifestava comportamentos corporais que não condiziam com a regularidade local, como o tipo de cumprimento, o número de beijos e outros gestos. Observando-se, por exemplo, um festival de danças folclóricas, veem-se com clareza as diferenças entre sociedades por meio dos movimentos corporais ritmados, a formação do grupo no palco, a postura dos dançarinos, a rigidez ou a soltura de movimentos. Assistindo-se a uma copa do mundo de futebol, também pode-se diferenciar com nitidez uma seleção de outra, a despeito de todas jogarem segundo as mesmas regras e apesar de os esquemas táticos atuais tentarem nivelar todas as seleções privilegiando o preparo físico dos jogadores. É notória, por exemplo, a diferença entre a expressão corporal da seleção brasileira de futebol e a da seleção alemã. Fala-se com propriedade que elas possuem estilos diferentes.

O homem, por meio do seu corpo, vai assimilando e se apropriando dos valores, normas e costumes sociais, num processo de inCORPOração (a palavra é significativa). Diz-se correntemente que um indivíduo incorpora algum novo comportamento ao conjunto de seus atos, ou uma nova palavra ao seu vocabulário ou, ainda, um novo conhecimento ao seu repertório cognitivo. Mais do que um aprendizado intelectual, o indivíduo adquire um conteúdo cultural, que se instala no seu corpo, no conjunto de suas expressões. Em outros termos, o homem aprende a cultura por meio do seu corpo.

Podemos pensar no fato de os meninos brasileiros, como se diz correntemente, "nascerem sabendo jogar futebol". De forma contrária, ainda segundo o senso comum, podemos dizer que as meninas brasileiras, além de não nascerem sabendo, nunca conseguem aprender a jogar futebol. Ora, o primeiro brinquedo que o menino ganha é uma bola. Como se não bastasse o estímulo do material, há todo um reforço social incentivando-o aos primeiros chutes, ao contrário da menina, que, afora não ser estimulada, é proibida de brincar com bola utilizando os pés. As aptidões motoras também fazem parte do processo de transmissão cultural.

> Assimilar o emprego de um utensílio significa, portanto, para o homem, assimilar as operações motrizes encarnadas nesse utensílio. Este processo é, ao mesmo tempo, o da formação, dentro de si próprio, de aptidões novas e superiores, daquilo a que se chama as "funções psicomotrizes", "humanizando" o seu domínio motor. (Léontiev 1977, p. 56)

O estudo das expressões corporais características de cada cultura não pode se reduzir a simples levantamento e classificação de movimentos e de técnicas corporais, mesmo que se faça posteriormente uma comparação desses dados com os de outras culturas. Esses dados corporais constituem-se no que Rodrigues (1986) chamou de conteúdos denotativos. Para ele, o mais importante são os conteúdos conotativos, que contêm princípios estruturadores da visão de mundo de uma sociedade e das atitudes dos homens em relação a seus corpos e aos alheios. Mais do que saber que os corpos se expressam diferentemente porque representam culturas diferentes, é necessário entender quais os princípios, valores e normas que levam os corpos a se manifestar de determinada maneira. Enfim, é preciso compreender os símbolos culturais que estão representados no corpo. Na comparação entre a mão direita e a esquerda, Hertz, citado anteriormente, não está falando apenas das características motoras diferenciais, mas sim da polaridade religiosa entre sagrado e profano que, como simbologia, reforça uma pequena diferenciação orgânica, fazendo com que uma parte do corpo seja mais valorizada do que outra.

Pode-se afirmar, portanto, que o corpo humano não é um dado puramente biológico sobre o qual a cultura impinge especificidades. O corpo é fruto da interação natureza/cultura. Conceber o corpo como meramente biológico é pensá-lo – explícita ou implicitamente – como natural e, consequentemente, entender a natureza do homem como anterior ou pré-requisito da cultura. Santos (1990) critica os que propõem a volta a um suposto corpo natural não atingido pela cultura. Segundo ele, não se pode esquecer da natureza necessariamente social do corpo, sendo possível somente pensar em novos usos do corpo, já que a cultura é passível de reinvenções e recriações. Rodrigues afirma que "(...) nenhuma prática se realiza sobre o corpo, sem que tenha, a suportá-la, um sentido genérico ou específico" (1986, p. 64). É justamente esse sentido específico que incide sobre toda e qualquer atividade corporal o que impede de pensar o corpo como um dado biológico. O que define corpo é o seu significado, o fato de ele ser produto da cultura, ser construído diferentemente por cada sociedade, e não as suas semelhanças biológicas universais.

Rodrigues (1986) afirma que existem certos comportamentos presentes em todos os seres humanos, independentemente da formação específica que cada um tenha tido. Geertz (1989) também afirma que alguns aspectos humanos são inteiramente controlados intrinsecamente, como, por exemplo, a respiração. Poder-se-ia afirmar, como o faz Vargas (1990), que todos os seres humanos possuem uma constituição biológica semelhante, composta por cerca de 50 trilhões de células, um esqueleto com cerca de 12 quilos e pouco mais de 200 ossos, um coração que bate numa velocidade de 60 a 80 vezes por minuto e que num século de trabalho constante terá batido quatro bilhões de vezes e bombeado 600 mil toneladas de sangue.

Entretanto, não são essas semelhanças que definem o corpo humano, mas a forma como os conceitos e as definições a seu respeito são construídos culturalmente. Saber que existem 50 trilhões de células no corpo pode não ter sentido em muitas sociedades. O saber sobre o corpo para um indígena, por exemplo, implica outros conhecimentos, diferentes dos nossos. Confrontando a concepção científica sobre corpo da nossa sociedade, Kofes (1985) cita uma pesquisa sobre a tribo Samo, na qual o corpo é concebido como dividido em nove componentes: o sangue, a carne, a sombra, o duplo etc; cada componente do corpo é transmitido à medida que o feto vai se constituindo. Portanto, o que importa é a forma como cada um desses corpos é construído, cuidado, educado, concebido, valorizado, enfim, representado.

Fica evidente, portanto, que o conjunto de posturas e movimentos corporais representa valores e princípios culturais. Consequentemente, atuar no corpo implica atuar sobre a sociedade na qual esse corpo está inserido. Todas as práticas institucionais que envolvem o corpo humano – e a Educação Física faz parte delas –, sejam elas educativas, recreativas, reabilitadoras ou expressivas, devem ser pensadas nesse contexto, a fim de que não se conceba sua realização de forma reducionista, mas se considere o homem como sujeito da vida social.

Marcel Mauss e a noção de técnica corporal

Marcel Mauss nasceu na França em 1872 e morreu no mesmo país em 1950. Seu mestre foi o tio, o célebre Émile Durkheim, com quem trabalhou até a morte deste, ocorrida em 1917. Entre as inúmeras obras que deixou, uma das mais famosas foi o *Ensaio sobre a dádiva*,[1] escrita em 1925, na qual criou e desenvolveu o conceito de "fato social total", que se constituiria na sua grande contribuição às ciências sociais (Mauss 1974, v. 2). Daí decorre o reconhecimento de pensadores franceses ulteriores do porte de Lévi-Strauss e Merleau-Ponty, que consideraram o pensamento de Marcel Mauss atual e suscitador de importantes desenvolvimentos posteriores, como será discutido adiante.

A tentativa de estabelecer conexões e limites entre os campos sociológico, psicológico e fisiológico constitui-se em um de seus maiores esforços e pode ser presenciada em várias obras de Marcel Mauss. No seu texto "A expressão obrigatória de sentimentos" esse fato é bem-ilustrado:

> Não só o choro, mas toda uma série de expressões orais de sentimentos não são fenômenos exclusivamente psicológicos ou fisiológicos, mas sim fenômenos sociais, marcados por manifestações não espontâneas e da mais perfeita obrigação. (Mauss 1979, p. 147)

Numa comunicação apresentada em 1924 a psicólogos, intitulada "Relações reais e práticas entre a psicologia e a sociologia", Mauss discute de forma interessante as relações entre a psicologia e a sociologia, tentando delimitar o campo de cada uma. Nesse trabalho, Mauss estabelece que tanto a sociologia como a psicologia humana fazem parte da antropologia, que seria "...o total das ciências que consideram o homem como ser vivo, consciente e sociável" (Mauss 1974, v. 1, p. 181). Deixa claro, entretanto, que apenas a sociologia trabalha exclusivamente com fatos humanos, já que a psicologia, como a fisiologia, não se limitam ao estudo do homem. Mesmo considerando a parte da psicologia que trata dos fenômenos humanos chamada por Mauss de "Psicologia Humana" – e mesmo quando esta fosse pensada em termos de psicologia coletiva, tendo por campo de investigação as representações coletivas nas consciências individuais, assim mesmo ela se diferenciaria da sociologia porque, além dessas representações coletivas,

---

1. Na tradução portuguesa desta obra, encontra-se o termo "dom" em vez de "dádiva".

existem outras coisas de que a psicologia não daria conta. Na mesma obra, Mauss escreve:

(...) na França há algo além da ideia de pátria: há um solo, há o seu capital, há a sua adaptação; há sobretudo os franceses, suas divisões, sua história. Atrás do espírito de grupo, numa só expressão, está o grupo que merece ser estudado (...). (1974, v. 1, p. 183)

Segundo Mauss, a sociologia se diferencia da psicologia por três razões. Em primeiro lugar, pelos fenômenos chamados morfológicos, que constituiriam as especificidades de cada povo ou de cada região. Seriam as variações entre homens e mulheres, entre adultos e crianças, relações entre os sexos, entre as idades, características de natalidade, mortalidade, enfim, as pequenas variações morfológicas de cada povo em cada região. Uma segunda razão diferencial entre a psicologia e a sociologia seria o aspecto estatístico dessa última. Seria, por exemplo, a moeda utilizada, as medidas econômicas, o índice de criminalidade, enfim medidas estatísticas que estariam contribuindo para um entendimento mais profundo de uma sociedade específica. E, finalmente, a terceira razão seria o aspecto histórico da tradição de determinada sociedade. Cada fato social, mesmo parecendo novo, faz parte de uma história e deve ser analisado em conexão com fatos ocorridos anteriormente.

Para a competência da psicologia, Mauss deixaria ainda uma enorme gama de possibilidades referentes ao aspecto da consciência individual. Mesmo quando o homem empreende trabalhos coletivos, tomado por uma representação ou por uma emoção coletiva, o indivíduo possui uma consciência própria. Esse ponto de vista é relevante na compreensão da obra de Mauss, pois dá ao indivíduo uma importância particular. O homem não é somente fruto e representante de uma sociedade, agindo como uma máquina comandada por suas instituições. Ele é também um ser particular dotado de uma consciência que permite uma mediação entre o nível social e o nível pessoal (Mauss 1974, v. 1).

É nesse sentido que Mauss afirma nesse mesmo trabalho a importância de se considerar a totalidade do ser humano. Segundo ele, o homem nunca é encontrado dividido em faculdades.

No fundo, corpo, alma, sociedade, tudo se mistura. Os fatos que nos interessam não são fatos especiais de tal ou qual parte da mentalidade; são fatos de uma ordem muito complexa, a mais complexa que se possa imaginar. São aqueles para os quais proponho a denominação de fenômenos de totalidade, em que não apenas o grupo toma parte, como ainda, pelo grupo, todas as personalidades, todos os indivíduos na sua integridade moral, social, mental e, sobretudo, corporal ou material. (1974, v. 1, p. 198)

É impressionante a atualidade dessa citação – escrita em 1924 – para a Educação Física, que ainda tende a considerar o corpo como primordialmente biológico. No discurso da área, o corpo que se movimenta não é o mesmo corpo que representa aspectos da sociedade, como se ele não fosse, ao mesmo tempo e indissociavelmente, biológico e cultural. É exatamente nesse ponto que o trabalho de Marcel Mauss intitulado "As técnicas corporais" é esclarecedor. Proferido como palestra em 1935, esse trabalho é até hoje útil para a compreensão cultural do corpo humano, compreensão esta que na Educação Física brasileira ainda é nascente.

Nesse trabalho, Mauss coloca o corpo humano, os movimentos corporais, cada pequeno gesto como tradutores de elementos de uma dada sociedade ou cultura. Equipara assim o corpo humano a outros temas da Antropologia, como a religião, as trocas econômicas, os sistemas jurídicos, os rituais de passagem, que sempre mereceram maiores estudos dos etnógrafos. Apesar desse destaque dado por Mauss ao corpo humano e às técnicas corporais, os estudos a esse respeito ainda são insuficientes. Claude Lévi-Strauss lamentou que ainda ninguém tivesse feito o que havia sido iniciado por Mauss, ou seja, um inventário de todos os usos que os homens fazem de seus corpos em todos os cantos do mundo e nos vários momentos históricos. Para ele, esse trabalho teria importância particular numa época em que os homens, devido ao desenvolvimento tecnológico, tendem a se utilizar menos dos meios corporais, correndo o risco de abandonar num passado inexplorado certas práticas cujo conhecimento e análise poderiam ser úteis para a compreensão da sociedade atual. Esse trabalho contribuiria também para uma contraposição aos preconceitos raciais, mostrando que a variação existente entre os homens em várias localidades não é devida a diferenças biológicas hierárquicas inscritas nos seus corpos, mas a diferenças culturais expressas por meio deles (Lévi-Strauss 1974). Em outras palavras, não existe corpo melhor ou pior; existem corpos que se expressam diferentemente, de acordo com a história de cada povo em cada região, de acordo com a utilização que cada povo foi fazendo dos seus corpos ao longo da história.

Em seu trabalho, Mauss define técnica corporal como sendo as maneiras como os homens, sociedade por sociedade e de maneira tradicional, sabem servir-se de seus corpos. A partir dessa definição, cita uma série de exemplos, com a finalidade de mostrar a diversidade de hábitos motores existentes na humanidade. Cita a aprendizagem de natação pela qual ele passou quando criança e a diferencia da época em que escreve seu trabalho. Anteriormente, ensinava-se primeiro a criança a nadar para depois ensiná-la a mergulhar. Posteriormente, passou-se a ensinar primeiro o mergulho, a fim de familiarizar a criança com a água, para depois ensinar-lhe as técnicas de natação propriamente ditas. Mauss também fala da sua experiência na Primeira Guerra Mundial quando, servindo na Inglaterra, observou a substituição de oito mil pás francesas, porque elas exigiam um tipo de movimento manual que os soldados ingleses não dominavam e não conseguiam aprender em pouco tempo. Observou também a dificuldade da tropa inglesa em marchar com marcação rítmica francesa. Relata ainda diferenças no andar, no correr, na posição das mãos ao sentar à mesa em vários povos. Descrevendo o andar da mulher Maori (Nova Zelândia), Mauss afirma que talvez não exista uma maneira "natural" de andar, já que cada sociedade vai andar de uma maneira particular. O próprio uso de sapatos transforma a posição dos pés no andar, fato que pode ser comprovado quando se anda descalço (Mauss 1974, v. 2).

Entretanto, mais importante do que constatar, relacionar e classificar as diferentes manifestações corporais é entender o significado desses componentes num contexto social. O primeiro passo, obviamente, é partir das diferenças corporais entre povos ou entre épocas de um mesmo povo, mas o passo seguinte proposto por Mauss é entender os movimentos corporais como parte de um todo social. Em seu trabalho intitulado "Fenômenos gerais da vida intrassocial", Mauss propõe que os comportamentos corporais sejam compreendidos como parte de uma tradição social, da mesma forma que os rituais religiosos, as obras de arte, as construções, a linguagem (Mauss 1979). Como toda tradição, esses gestos são transmitidos de uma geração para outra, dos pais para os filhos, enfim, de pessoas para pessoas, num processo de educação.[2] As pessoas, principalmente as crianças, imitam atos que obtiveram êxito e que foram bem-sucedidos em pessoas que detêm prestígio e autoridade no grupo social.

> É precisamente nesta noção de prestígio da pessoa que torna o ato ordenado, autorizado e provado, em relação ao indivíduo imitador, que se encontra todo o elemento social. (Mauss 1974, v. 2, p. 215)

Na pessoa que aprende o gesto tradicional e no seu ato imitador, podem-se encontrar, respectivamente, os componentes psicológico e fisiológico. Vê-se assim o fato social manifesto como um elemento tradicional valorizado numa sociedade sendo transmitido a um indivíduo dotado de uma unidade psíquica por meio da utilização de seu componente fisiológico.

O termo "técnica corporal", criado por Mauss, não significa apenas o emprego técnico do corpo para realizar determinadas funções. Apesar de o autor ter escrito que o corpo é o principal e mais natural instrumento do ser humano, seu mais natural objeto técnico, pode-se depreender da sua obra que o sentido de técnica corporal é mais abrangente. Mauss, ao definir técnica como um ato que é ao mesmo tempo tradicional e eficaz e ao falar do corpo humano em termos de técnicas corporais, elevou-o ao nível de fato social, podendo, portanto, ser pensado em termos de tradição a ser transmitida através de gerações (Mauss 1974, v. 2).

> Quando uma geração passa à outra geração a ciência de seus gestos e de seus atos manuais, há tanta autoridade e tradição social quanto quando a transmissão se faz pela linguagem. (Mauss 1979, p. 199)

---

2. Embora não considerada pelo autor, podemos citar como determinante nesse processo de transmissão cultural a questão das classes sociais.

Mas o que é mais interessante nesse enfoque é que ele permite o estudo do corpo e do movimento humanos como expressões simbólicas, já que toda prática social tem uma tradição que é passada às gerações por meio de símbolos. A tradição oral, a mais conhecida e muitas vezes mais valorizada, é apenas uma dentre as tradições simbólicas. Qualquer técnica corporal pode ser transmitida por meio do recurso oral. Pode ser contada, descrita, relatada. Mas pode também ser transmitida pelo movimento em si, como expressão simbólica de valores aceitos na sociedade. Quem transmite acredita e pratica aquele gesto. Quem recebe a transmissão aceita, aprende e passa a imitar aquele movimento. Enfim, é um gesto eficaz. É justamente devido à eficácia das técnicas corporais que se pode, segundo Mauss, conceber que os símbolos do andar, da postura, das técnicas esportivas são do mesmo gênero que os símbolos religiosos, rituais, morais etc. É por meio dos símbolos que a tradição vai sendo transmitida às gerações seguintes.

É oportuno alertar, como fez Mauss, que o termo tradição pode ser entendido precipitadamente como inércia, resistência ao esforço, imutabilidade e conformismo social. De fato, as sociedades tribais apresentam uma adaptabilidade tão grande aos seus meios interno e externo que não sentem necessidade de modificar sua rotina. Sua coesão grupal é extremamente forte. Já nas sociedades contemporâneas, não se dá o mesmo, embora esteja sempre presente o que Mauss chamou de "memória coletiva". É precisamente o conteúdo dessa memória – em algumas sociedades maior, em outras, menor – que se pode chamar de tradição. É o que vai resistindo aos avanços tecnológicos e ao desenvolvimento científico, mas é também o resultado desses avanços que vai se incorporando às tradições sociais, num processo dinâmico.

***

Neste capítulo discutimos a influência determinante da cultura ao longo da evolução humana e do papel que ela realiza no comportamento humano atual. Falamos que a natureza do homem não está restrita somente ao nível biológico, mas é eminentemente cultural. A partir disso podemos discutir o corpo humano como construído culturalmente. O mesmo patrimônio biológico humano universal configura-se de diferentes maneiras em virtude dos vários usos e dos diversos significados que cada grupo determinado vai conferindo ao corpo ao longo do tempo. Em seguida, avançamos um pouco mais em relação à contribuição de Marcel Mauss, já que foi ele quem primeiro sistematizou a pesquisa sobre o corpo como um dado de cultura.

As ideias discutidas neste capítulo são decisivas para a análise que faremos do trabalho de professores de Educação Física, já que o nosso interesse é justamente o de compreender de que forma as noções sobre essa área, que foram construídas e incorporadas no imaginário social dos profissionais, são reconstruídas e reatualizadas no seu cotidiano. Torna-se pertinente, portanto, pensar no trabalho empreendido pela Educação Física, principalmente naquele segmento dela que atua nas escolas de primeiro grau. Urge saber a concepção de corpo que os profissionais da área possuem. Em outros termos, é necessário descobrir qual é a apropriação de corpo que a Educação Física escolar realiza por intermédio de seus profissionais, analisando-se os valores, conceitos, conteúdos e métodos com os quais ela trabalha e transmite aos alunos. Porque os alunos, antes, independentemente da escola e durante toda a vida, terão acesso a uma educação corporal, já que as técnicas corporais, como visto, integrando uma gama variada de tradições, são imbuídas de significados. Ora, a Educação Física escolar propõe-se a atuar formalmente sobre um processo de educação corporal tradicional. O homem pode viver sem a Educação Física, porém a suposição é que se ele passar por esse processo formal, ele será mais apto do que outro que não o fizer. A questão é saber o que – e como – a sociedade está expressando por meio do processo de educação corporal formal. Nesse sentido, analisar as representações que os professores possuem, tanto a respeito do corpo como a respeito de sua prática profissional, apresenta-se como importante tarefa quando se objetivam a reciclagem desses profissionais e a consequente qualificação do seu trabalho.

3
O TRABALHO DE PROFESSORES DE EDUCAÇÃO FÍSICA

> *A análise cultural é intrinsecamente incompleta e, o que é pior, quanto mais profunda, menos completa.*
>
> Clifford Geertz

Os caminhos da pesquisa

A partir do referencial teórico antropológico explicitado anteriormente, começamos a delimitar nosso campo de investigação, escolhendo o trabalho com professores de primeiro grau da rede pública estadual. A opção pela rede pública deveu-se ao fato de os professores serem instados a seguir uma diretriz programática única. Mesmo considerando as diferenças entre escolas e entre professores, buscou-se um elemento de uniformidade no grupo, uma vez que a diretriz curricular, pelo menos na sua origem, é a mesma, o que poderia não ocorrer se fossem reunidos professores de escolas públicas e privadas.

Pensamos, inicialmente, em entrevistar 20 professores, sendo dez do sexo masculino e dez do sexo feminino. Acreditávamos, como de fato ocorreu, que com 20 entrevistas seria possível obter uma certa repetição das respostas, e que um número superior apenas viria a confirmar uma saturação dos dados, que nada acrescentaria a uma pesquisa qualitativa como a que propúnhamos realizar. Quando decidimos por dez homens e dez mulheres, imaginávamos que os professores ministravam aulas para os meninos e as professoras, para as meninas, e que haveria diferenças entre a Educação Física de um e de outro grupo. Como encontramos professores e professoras, aleatoriamente, com turmas masculinas, femininas ou mistas, percebemos não serem significativas as eventuais preferências dos professores em termos de sexo dos alunos. A partir da nossa observação verificamos que a tendência parece ser a de que as aulas de Educação Física façam parte do horário regular da escola, fato que faz com que as turmas sejam mistas, a despeito da preferência dos professores.

Pensamos também em trabalhar com professores da mesma Delegacia de Ensino, a fim de se garantir uma certa referência comum ao grupo, já que os procedimentos sugeridos pela Secretaria de Educação chegariam às suas escolas de forma semelhante. A escolha recaiu sobre a 14ª Delegacia de Ensino, na qual se congregam escolas do município de São Paulo que, em princípio, deveriam atender a clientelas distintas. As escolas dos bairros de Moema, Indianópolis e Brooklin, mais centrais, definem sua clientela como sendo "de classe média", enquanto que boa parte das escolas do Butantã, mais periféricas, define sua clientela como sendo "de classe baixa". Pensamos em trabalhar com metade dos professores que atendesse crianças de classe baixa e metade que atendesse crianças de classe média: as semelhanças e diferenças eventualmente encontradas nos dois grupos poderiam se mostrar significativas. De maneira geral, esperávamos encontrar professores mais antigos, com uma formação mais tradicional, em escolas mais centrais, com clientela "de classe média"; e professores mais jovens, com formação mais crítica, em escolas periféricas, com clientela "de classe baixa". Entretanto, em algumas escolas consideradas de clientela "de classe média", os professores afirmavam que a proximidade de favelas tornava sua clientela heterogênea. Por outro lado, em escolas consideradas de clientela "de classe baixa", os professores afirmavam que o agravamento da crise econômica fez com que vários pais transferissem seus filhos de escolas particulares para escolas da rede pública. Um professor de uma escola considerada bem-localizada definiu sua clientela como sendo "de classe baixa" devido ao fato de a escola, há muito tempo, ter tido curso noturno e isso ter deixado a fama de escola ruim, fato que levava os alunos de classe média, moradores do bairro, para outras escolas mais distantes.

Antes de aprofundarmos nossa análise adentrando a realidade cotidiana dessas diferentes escolas, de sua clientela e de seus professores, é preciso relatar os critérios para a escolha das escolas e o modo como se deu nosso contato com elas. Dada a estrutura institucional da rede pública de ensino, pareceu-nos necessário iniciar os contatos pela Delegacia de Ensino, a fim de que sua delegada autorizasse o desenvolvimento da pesquisa. Esse procedimento visou facilitar nossa entrada nas escolas e "quebrar" possíveis resistências por parte das diretoras em relação à pesquisa, fato que se confirmou posteriormente em algumas escolas. O contato com a 14ª Delegacia de Ensino foi fácil e rápido. Conversamos diretamente com a delegada, que se mostrou receptiva e "permitiu" o trabalho, apesar de não ter discutido com detalhes o projeto a ser desenvolvido. O passo seguinte foi a escolha de 12 escolas (sendo duas excedentes, para possíveis substituições), de um total de 46 abrangidas pela delegacia. Tínhamos afirmado que desejávamos seis escolas de classe baixa e seis de classe média. A própria delegada e outros funcionários da delegacia, solícitos e interessados em colaborar, passaram a manifestar opiniões particulares a respeito de cada escola, tais como: "esta é uma boa escola", "não vai nessa, não", "esta é melhor". As opiniões, embora manifestando critérios particulares de difícil compreensão para nós, pareciam estar relacionadas com a organização administrativo-burocrática das escolas e a boa vontade das diretoras.

Para evitar que essas opiniões definissem a escolha das escolas, recorremos ao planejamento anual que cada escola entrega à Delegacia de Ensino, no qual elas caracterizam sua clientela. Fomos conduzidos, então, para uma sala repleta de prateleiras, com pastas de todas as escolas, públicas e privadas, sobre as quais a delegacia possui uma função de supervisão. Havia uma funcionária responsável pelo local que, apesar da grande quantidade de material, localizou rapidamente os planejamentos do ano anterior das escolas públicas.

As pastas e a quantidade imensa de papéis, organizados em prateleiras, pareceram-nos pouco capazes de dar uma ideia mais precisa da dinâmica escolar. Ficamos imaginando se essas pastas eram consultadas regularmente e confrontadas com o dia a dia de cada escola. Os planejamentos, embora analisados rapidamente, confirmaram essa suposição. Apresentavam-se, na maioria dos casos, como um conjunto de dados administrativos ou de intenções educacionais. A impressão era a de que o planejamento era uma formalidade exigida pela delegacia, que pouco mudava de ano para ano. A caracterização da clientela em termos de classes média e baixa também mostrava-se vaga. Alguns planejamentos somente definiam a clientela, sem qualquer justificativa. Em outros planejamentos havia uma descrição do bairro, do tipo de comércio e do tipo de moradia. Combinando alguns desses critérios, escolhemos as 12 escolas, cuja clientela podia ser definida como sendo, em seis casos, "de classe baixa" e, em outros seis, "de classe média".

A chegada nas escolas

Com a relação das 12 escolas, partimos para a visita e o contato com as diretoras. Ao visitar as unidades, começamos a decifrar as opiniões dos funcionários da delegacia em relação àquelas em que, na sua opinião, nós deveríamos ir e àquelas em que não deveríamos ir. Começamos a entender um pouco melhor as categorias "classe média" e "classe baixa" definidas pelas escolas em seus planejamentos.

Mesmo sem considerar a sua localização, já era possível saber se a escola era considerada "de classe média" ou "baixa" apenas pelo tipo de construção e pela sua organização física. As escolas mais centrais, de maneira geral, são mais antigas, e os prédios são mais amplos. Quase todas possuem um *hall* de entrada que dá para a secretaria, o que obriga a quem entra na escola a realizar esse trajeto. Em duas dessas escolas, a separação do setor administrativo (secretaria, direção) do pedagógico (salas de aula, quadra, pátio) era tão grande que não se via criança. Elas entravam pelo portão de trás e a parte da frente da escola se assemelhava a um hospital, tamanho era o silêncio. Numa dessas escolas, tendo ido por duas vezes, não vimos uma criança sequer.

Já nas escolas consideradas "de classe baixa", à exceção de apenas uma, a própria localização da secretaria, à primeira vista, já denunciava a diferença, revelando também o tamanho da escola. Eram construções mais recentes, algumas das quais consistiam em simples galpões, e o espaço era visivelmente menor. Não havia separação entre a secretaria ou a sala de professores e as salas de aula. A separação entre o setor administrativo e o setor pedagógico, percebida nas escolas consideradas "de classe média", aqui não ocorria.

Começamos a entender então que o conceito de "classe média" relativo às escolas estava relacionado a uma maior organização física, administrativa e burocrática do seu espaço e de suas atividades, enquanto o conceito de "classe baixa" estava relacionado a uma menor organização nesses aspectos, ou a uma maior improvisação em termos de espaço. Começamos a entender também os conselhos dos funcionários da delegacia. As escolas "boas" eram aquelas que possuíam uma organização maior.

Concluímos que, das 12 escolas relacionadas por nós, apenas uma, considerada como atendendo população de classe baixa, possuía uma organização típica de escola "de classe média". Posteriormente, ao voltar às escolas e ao conversar com os professores, percebemos que há uma heterogeneidade na clientela de várias escolas. Existem favelas em regiões centrais; existe uma classe média que vem tirando seus filhos das escolas particulares. A classificação que os planejamentos anuais fazem parece se referir a uma época em que era possível relacionar as escolas centrais com população de classe média e as escolas periféricas com clientela de classe baixa. Apesar da heterogeneidade observada, parece existir uma tradição que cristalizou a ideia de que as escolas centrais são mais organizadas e as escolas periféricas, menos.

Ainda em relação ao aspecto físico das escolas, é interessante ressaltar que, embora todas as escolas visitadas possuam pelo menos uma quadra de esportes em que se realizam as aulas de Educação Física, não há lugar definido para sua localização. Observamos quadras que ficam logo após o portão que separa a escola da rua, fato que nos propiciou um contato primeiro com o professor, antes mesmo de nos dirigirmos à secretaria. Em outras escolas, a quadra não era visível, localizando-se nos fundos do prédio. Em algumas, ela se misturava com o pátio externo, fato que causava a reclamação dos professores de Educação Física, pois as crianças, em horário de entrada, saída ou recreio, atrapalhavam suas aulas. Outros professores relataram que a quadra ficava ao lado das janelas das salas de aula, o que causava reclamação por parte das professoras dessas salas em relação ao barulho provindo das aulas de Educação Física. Alguns professores também lembraram que a quadra ficava próxima ao estacionamento, o que gerava problemas quando a bola utilizada nas aulas atingia os carros dos outros professores.

Outro fato observado é que a maioria das escolas visitadas possui somente uma quadra e, às vezes, até cinco professores de Educação Física. Quando ocorrem aulas simultâneas, os professores se dividem na quadra ou um deles utiliza os pátios existentes, locais em que há crianças em recreio, ou sem aula, ou esperando para entrar em sala. Nos dois casos, as aulas são prejudicadas.

O contato com as escolas não foi difícil. Nenhuma escola recusou-se a participar da pesquisa, talvez pelo documento da Delegacia de Ensino nos apresentando. Somente em uma escola houve alguma dificuldade para a realização das entrevistas. As funcionárias da secretaria condicionavam nosso contato com os professores à permissão da diretora, que não foi encontrada facilmente. Nesse meio tempo, houve a tentativa de uma assistente em nos fazer desistir daquela escola, alegando que os professores trabalhavam em muitos lugares e não tinham tempo, e que seria melhor fazermos esse trabalho em outras escolas.

Em algumas unidades foi necessário conversar com a diretora; em outras, um funcionário da secretaria autorizava de imediato o contato com os professores de Educação Física. Nenhuma diretora interessou-se em discutir o projeto, ou mesmo querer saber detalhes sobre a pesquisa. Somente uma escola pediu cópia do projeto, atitude definida por um funcionário como "de praxe". A preocupação das escolas era somente que a pesquisa não atrapalhasse a rotina de aulas dos professores de Educação Física.

O contato com os professores

Após a autorização das direções ou das secretarias, iniciamos o contato com os professores. Em algumas escolas, nas quais a quadra era visível, foi possível contatar diretamente o professor e, depois, solicitar autorização da direção para as entrevistas. Nessas escolas, foi possível presenciar o professor em aula. Quase todos trabalhavam com esporte. Os alunos jogavam e o professor orientava a respeito das técnicas ou das regras. Um professor, visivelmente incomodado com a nossa presença, justificou que, por ser início de ano, ele permitia que os poucos alunos presentes jogassem, a fim de que o esporte servisse como "chamariz" para os outros alunos que ainda estavam faltando às aulas.

Quando não foi possível encontrar os professores na primeira visita, o horário das aulas era fornecido pela secretaria e o contato, realizado posteriormente. Só em uma escola esse procedimento foi confuso. A escola não definia o horário de Educação Física e os professores não tinham dia nem hora para ir à escola. Comparecemos por duas vezes no horário de reunião de todos os professores, mas não encontramos a equipe de Educação Física, composta por três pessoas. Soubemos, posteriormente, que dois professores dessa escola estavam se exonerando. Acabamos não realizando nenhuma entrevista nessa escola.

De maneira geral, os professores colaboraram de imediato com o trabalho, dispondo-se a ser entrevistados. Alguns perguntaram sobre os objetivos da pesquisa, porém sem muita profundidade. Outros mostraram-se interessados nos seus resultados.

Foram contatados 28 professores. Apenas quatro se negaram a participar da pesquisa: dois alegando "falta de tempo" e dois alegando "timidez" ou "vergonha". Três professores demonstraram interesse, porém não houve compatibilidade de horários e acabaram não participando. Um professor mostrou-se, inicialmente, contrário à participação. Afirmou que os pesquisadores vão à escola, usam os professores e depois os criticam em suas análises. Foi o único professor que condicionou sua participação à leitura do projeto. Entretanto, antes da entrevista, ele se exonerou e sua participação ficou inviabilizada.

Apesar da concordância das escolas e da maioria dos professores, a realização das entrevistas nem sempre foi ágil, devido às impossibilidades dos professores. Quase todos realizam outras atividades, além do trabalho naquelas escolas. Alguns citaram trabalho em até três escolas, incluindo o período noturno. Vários professores complementam seus salários com atividades ligadas ao esporte, como arbitragem de jogos em finais de semana ou à noite. Alguns realizam atividades profissionais em outros setores. Um professor é dono de um bar; outra é proprietária de uma empresa de festas infantis.

A identificação do professor quando de nossa chegada à escola é também digna de análise. O professor de Educação Física apresenta-se diferentemente dos outros professores, tanto em termos de aparência física como em termos de horário, comportamentos e locais em que fica. Além do seu local de trabalho ser diferente do de outros professores, sua identificação também se dá de imediato pela vestimenta, caracterizada pelo uso de agasalhos esportivos e de tênis. Seu comportamento, de maneira geral, é marcado por extroversão, simpatia e jeito falante. Observamos o relacionamento mais próximo dos professores de Educação Física com os alunos, em comparação com professores de outras disciplinas. Essa proximidade pôde ser notada pelo tipo de cumprimento, pelas expressões faciais que os alunos manifestavam quando encontravam os professores de Educação Física e também pelo carinho e pela atitude paternal que estes demonstravam em relação aos alunos. A identificação do professor de Educação Física na escola também se dá pelo seu horário, que nem sempre acompanha os períodos escolares. Em relação aos locais em que esses professores ficam quando não estão dando aulas na quadra, percebemos também sua diferenciação em relação aos seus colegas de outras disciplinas. Encontramos vários entrevistados na sala de material esportivo e não na sala de professores, onde é comum permanecerem aqueles que estão em aula vaga ou antes do início das aulas. Entretanto, apesar das diferenças entre o professor de Educação Física e os de outras disciplinas, o relacionamento entre eles, sempre que foi possível observar, pareceu ser bom.

Ouvindo os professores

Foram entrevistados 20 professores, sendo dez do sexo masculino e dez do sexo feminino, com idades variando entre 24 e 47 anos, formados em faculdades de Educação Física do estado de São Paulo, nas décadas de 1970 e 1980. A única exceção foi uma professora de 51 anos, formada na década de 1960, no Espírito Santo, aposentada e que voltou a dar aulas.

A história de vida

Os professores, no início de cada entrevista, foram solicitados a falar de sua infância e das atividades corporais que realizavam quando crianças. A intenção com essa pergunta foi a de que os professores relatassem atividades infantis que se relacionassem não só com a escolha vocacional que eles viriam a realizar, mas com a própria prática profissional futura.

Os professores falam, com entusiasmo, de brincadeiras e jogos em praças do interior, sítios, chácaras, quintais e na rua. Falam de uma época em que era possível brincar de forma livre. Enfim, falam de uma atividade natural. Quando se referem ao próprio corpo infantil, falam de movimentos livres, sem técnica, do prazer de um corpo que brincava naturalmente. E se diferenciam das crianças que atualmente brincam numa cidade como São Paulo, na qual, segundo eles, as atividades são dirigidas, os locais de lazer são escassos e a televisão assume um papel nocivo. Assim eles falam de sua infância:

> Foi bem movimentada, bem brincada. Brincava de esconde-esconde, pega-pega, barra-manteiga, taco, futebol, guerra de goiaba verde, polícia e ladrão, andava de bicicleta.

> Porque lá você morava no sítio, você caçava, nadava, você jogava pedra com a mão. E, de uma forma geral, você exercitava muito mais do que aqui. O trabalho corporal era muito maior do que aqui.

> Era bem natural. Naquele tempo não existia uma preocupação de você praticar alguma coisa. Você praticava naturalmente. Então eu aprendi a andar de bicicleta, patim, corria, brincava com os meus colegas.

> Eu tinha uma vida bastante ativa. Cheguei a morar em chácara, andava muito. Automaticamente, eu praticava esporte sem saber. Ciclismo, natação, eu corria. A gente mantinha aquela vidinha bem ativa.

> E aqui a gente vê hoje que a atividade física foi totalmente diferente da minha. É muito mais restrito o espaço deles.

Relatando sua trajetória de vida, os professores afirmam, na sequência, que quando ingressam na vida escolar, o gosto pela Educação Física é imediato. Parece haver uma relação direta entre o tipo de vida que levavam fora da escola e as atividades que passaram a fazer nas aulas de Educação Física. Frequentam as aulas, participam de equipes representativas das escolas e consideram os professores de Educação Física como verdadeiros ídolos e até como influenciadores de sua escolha profissional futura.

A aula que eu mais gostava era Educação Física. Eu fui muito motivado por um professor de Educação Física no primeiro ano de ginásio. Ele era um ótimo professor e eu achava bonito ele coordenando, ensinando. Ele fazia com que todos participassem. Ele era muito carismático.

Eu tive uma professora bárbara! Até hoje, às vezes, eu ainda sonho com ela... aquele ídolo!

Eu lembro até hoje da minha professora de Educação Física, que foi uma pessoa que me marcou muito. Era uma pessoa muito ativa, muito bonita. Então, ficou aquela imagem boa.

Do gosto pelas brincadeiras de rua à participação nas aulas de Educação Física, o esporte surge, majoritariamente, como manifestação "espontânea" dos professores, então adolescentes. Todos relatam uma aproximação com o esporte, quer como participantes de equipes do colégio ou da cidade, treinando e competindo, quer como praticantes do esporte informal, recreativo.

Eu sempre gostei de esporte.

Eu treinava futebol no time de garotos da cidade.

Eu acabei entrando na equipe de natação da cidade. Nadei lá oito anos, competi em campeonato estadual, Jogos Abertos do Interior.

Eu sempre estive ligada ao esporte. Sempre gostei muito. Fiz natação desde os quatro anos. Aí parti para a ginástica olímpica a partir dos sete e fui até os 15 anos. Eu treinava em clubes, participando de campeonatos. Aí já comecei a me interessar em fazer Educação Física.

Essas atividades corporais da infância e da juventude, fora e dentro da escola, contribuíram decisivamente para a escolha da Educação Física como carreira profissional.

A experiência que eu tive de movimento para poder decidir fazer uma faculdade de Educação Física foi simplesmente uma educação de brincadeira. Eu gostava muito de brincadeira, de esporte. Nada dirigido por nenhum especialista. O que eu mesmo inventava quando eu era criança. E quando eu fiz natação também, nada com profissional; no clube, sozinha, eu descobria movimento, eu adorava descobrir movimentos sozinha. Queria ter um aperfeiçoamento desses movimentos.

O que eu mais me encontrei, olhando para o passado, eu achava que eu me encontrava mais na Educação Física.

Então eu optei em fazer Educação Física, para continuar dentro do mundo esportivo.

Vários professores relatam que, devido a essa infância "natural", não conseguiam visualizar um projeto de futuro em que estivessem trabalhando dentro de uma sala, num escritório, ou lidando com papéis e documentos. Optaram, então, por uma profissão que pudesse ser exercida ao ar livre, que permitisse o contato com crianças e que desse uma sensação de liberdade.

Se eu tivesse que fazer outra coisa, trabalhar na secretaria, essas coisas, eu não gostaria.

Eu acho que eu não conseguiria ficar num escritório cercada durante seis horas, batendo à máquina.

Durante o vestibular mesmo eu decidi que não ia mais fazer Engenharia e preferi optar por Educação Física, primeiro pela minha vontade de estar mais independente, ao ar livre e, assim, ter contato com as pessoas.

Eu comecei a perceber que eu não gostava muito de ficar em salas fechadas, ou em escritórios, ou em algum lugar assim.

É interessante observar que alguns professores pensaram em outras áreas, tais como Medicina, Engenharia, Psicologia, Agronomia, mas que, avaliando sua vida anterior, decidiram-se por uma carreira na qual eles iriam trabalhar com o corpo, o movimento e o esporte, que eles sempre gostaram.

Foi até de repente, porque eu estava no segundo colegial. Eu estava quase decidida a fazer Psicologia. Depois, num estalo, eu falei: "Não, acho que eu vou fazer Educação Física, é mais gostoso". Eu sempre gostei muito da parte médica. Então eu fiquei entre Medicina e Educação Física. Até acho que eu seria uma boa médica. Em Educação Física eu acabei me realizando porque tem a parte médica que é predominante. Então, fiquei bem dentro da área. Eu casei as duas, a parte de Medicina e a parte de Educação Física.

Alie-se também a isso o fato de a faculdade de Educação Física ter uma duração, na época, de três anos, enquanto a faculdade de Medicina, por exemplo, exige seis anos, mais dois de residência. Alguns professores citam a curta duração do curso também como fator considerado na escolha da carreira. Outros citam a dificuldade em se ingressar num curso de Medicina, ao contrário do curso de Educação Física, cujas faculdades proliferaram por todo o interior do Estado de São Paulo, a partir da década de 70.

> Eu não acreditei muito em mim em relação a prestar um vestibular em Medicina.

> Eu não queria arriscar e não queria perder o ano, ficar um ano parado. Não que Educação Física fosse fácil! Fuvest é igual para todo mundo!

Alguns professores do sexo masculino citam também a resistência dos pais quando eles se decidiram pela Educação Física, o que indica uma visão negativa e inferior da área. Os pais gostariam que eles optassem por uma carreira tida como nobre, como Engenharia ou Medicina, e que desse retorno financeiro maior.

> Eu acho que todo pai quer ter um filho médico.

> Desde pequeno, quando eu tinha aula de Educação Física na escola, eu já pensava em fazer Educação Física, mas os meus pais eram um pouco contra.

É interessante notar como essa faceta aparece somente nas entrevistas de professores do sexo masculino, o que permite afirmar que para a família, na experiência dos entrevistados, a escolha profissional do filho é muito mais relevante do que a escolha profissional da filha. É interessante também destacar que alguns professores do sexo masculino, ao avaliarem hoje sua atuação profissional, utilizam termos como "atividade honrosa", "atividade útil", "atividade responsável", como que valorizando a profissão contra o preconceito dos pais e que parece estar incorporado na representação que eles mesmos fazem da própria carreira.

Na faculdade, esses alunos se identificam com o currículo, predominantemente técnico-esportivo. Não relatam dificuldades em acompanhar o curso, pois todos já praticavam esportes e já sabiam realizar as habilidades esportivas exigidas pelas disciplinas.

Fiz um curso que eu tinha facilidade, porque tinha a parte prática.
Eu tinha facilidade em tudo.

Entretanto, apesar dessa identificação inicial, alguns professores criticam sua formação profissional, afirmando que ela só ensinou as técnicas esportivas e não os preparou para dar aulas. Eles não reclamam da grande ênfase esportiva do currículo, mas da falta de aplicabilidade das técnicas esportivas numa situação escolar de rede pública, em que o espaço, os materiais disponíveis e as características do grupo exigem determinadas adaptações. Citam a falta de estágios, a presença de alguns docentes incompetentes e o excesso de conhecimentos fisiológicos ou anatômicos.

A minha faculdade foi designada para treinadores: técnicas, sequências pedagógicas, o arremesso de peso.

Eu acho que não foram preparados professores de Educação Física, por exemplo, para trabalhar com pré-escola. É técnico!

Não, eu não saí apta para dar aulas.

A faculdade forma atleta. A formação que eles dão não é para você sair de lá e cair numa escola de rede pública. Eles não te ensinam como dar aula. Eles formam a tua parte física.

O que foi bem desenvolvida foi a parte esportiva. Faltou a parte teórica.

Outros professores, entretanto, falam de sua formação profissional como boa.

Foi boa. A gente só não teve formação específica para trabalhar com ciclo básico como tem agora.

Eu achei que ali me deu uma formação profissional muito boa.

Minha formação profissional foi muito boa. Os meus professores, de forma geral, foram muito bons.

A prática profissional esportiva

É interessante observar que todos os professores entrevistados relatam a formação esportiva e reproduzem esse modelo nas suas aulas. A formação profissional eminentemente esportiva, ocorrida nas décadas de 70 e 80, homogeneíza o grupo, na medida em que passa a ele uma determinada visão a respeito de Educação Física e, implicitamente, uma concepção de corpo. A única exceção é, como já citado, uma professora aposentada que voltou a dar aulas na rede pública. Formada na década de 60, portanto, antes da chamada esportivização da Educação Física brasileira, fenômeno ocorrido entre 1969 e 1979 (Betti 1991), é a única professora que não fala do esporte nem na sua formação, nem na sua prática docente atual. Ela trabalha com classes de ciclo básico (antigas primeira e segunda séries), utilizando jogos, brincadeiras tradicionais e danças folclóricas.

A maior parte dos professores que estão em exercício atualmente na rede escolar são licenciados nas décadas de 70 e 80, uma vez que os formados na década de 60 ou antes já se aposentaram, estão em vias de se aposentar, ou exercem cargos administrativos. São raros os casos de aposentados que voltam a dar aulas, como a citada professora que entrevistamos em nossa pesquisa.

A prática profissional do grupo é, portanto, de uma maneira ou de outra, balizada pelo esporte. Alguns professores, explicitamente, colocam que o seu objetivo é ensinar habilidades esportivas a fim de selecionar os melhores alunos para participar das equipes representativas da escola. São os professores que foram – ou ainda são – atletas e se autovalorizam pela obtenção de títulos em campeonatos esportivos com os seus alunos. Todo o planejamento é voltado para o esporte. Eles dispõem as modalidades esportivas nos quatro bimestres ao longo do ano e trabalham com sequências pedagógicas objetivando o ensino de habilidades esportivas.

Eu solto uma bola de basquete um dia, no ginásio, para ver a habilidade que essa garota tem, para começar a fazer uma seleção, em virtude de eu sempre me interessar em promover campeonatos internos e campeonatos colegiais.

Eu cheguei para a diretora e falei que eu gostaria de fazer um trabalho de base com o ginásio, que eu queria entrar em campeonato.

Esse ano, como eu estava com saudades do esporte, eu peguei umas classes de ginásio.

A gente faz um planejamento no começo do ano e a gente divide por bimestre o esporte que você vai trabalhar.

O ano passado eu fiquei com voleibol quatro meses porque eles não conheciam nada. Mas ainda não chegou aonde eu esperava que fosse chegar, porque não tinham uma base.

Para o aperfeiçoamento técnico dos alunos que "levam jeito" ou que já sabem praticar determinada modalidade esportiva, existem as Turmas de Treinamento, espaço oficial da rede pública estadual do Estado de São Paulo e autorizado pela Delegacia de Ensino, em que o professor, fora do horário de aulas, tem a possibilidade de montar um grupo de treinamento visando à formação de equipes para campeonatos. O critério da 14ª Delegacia de Ensino para autorizar a criação de Turmas de Treinamento é a participação da escola no campeonato que a delegacia promove anualmente.

Você tem que formar um time, que time você vai formar? Você não vai pegar aqueles quatro que eu te falei! Eles nunca jogam! Há um treino à parte, extra-aula.

Nós procuramos entrar em campeonatos para incentivar os alunos.

Eu gosto muito de trabalhar com Turma de Treinamento.

O treinamento são 20 alunos. Você pega só aqueles que você já fez classificação, que têm mais condições para vôlei, para basquete.

Outros professores se colocam como educadores em vez de técnicos esportivos, e fazem ressalvas ao uso seletivo do esporte nas aulas de Educação Física. Afirmam que nas suas aulas todos os alunos realizam as mesmas atividades, que quem sabe mais tem que ensinar aos que sabem menos e que sua meta não é a formação de equipes. Essas ressalvas, porém, não os fazem ministrar aulas não esportivas. Eles afirmam que os alunos só se motivam com bola e acabam dividindo também o ano letivo em modalidades esportivas.

Aí eu já entro no jogo, porque não adianta você ficar contra eles. Ou eles fazem a sua aula contentes ou não fazem. Então, é melhor fazer contentes e assim eu já aproveito o potencial que eles têm para jogar.

Educação Física é esporte, mas não é só esporte.

Formamos times, competimos também, mas eu acho que isso não é o principal para a Educação Física escolar.

Eu falo assim: "Não precisa ser o melhor jogador".

Criticar o esporte e fazer ressalvas em relação a ele é uma forma de esses professores, embora pela negação, reconhecerem-no como o principal conteúdo das aulas de Educação Física. É interessante como, ao fazerem essas críticas, eles manifestam, de modo implícito, valores próprios do esporte, como a busca da melhoria técnica ou o rendimento.

Não vou deixar o que sabe menos parar no tempo, mas eu consigo uma evolução de todos eles, mais ou menos homogênea.

Eu treino na minha aula mesmo.

Talvez até descobrir alguma vocação para o esporte.

A própria forma como dizem lidar com os menos habilidosos é denunciadora do padrão tecnicista. Esses alunos são detectados em virtude de quão defasados estão em relação às técnicas esportivas ensinadas e o "tratamento" se dá no sentido de fazê-los chegar a um nível mínimo de prática das habilidades motoras próprias de uma modalidade esportiva.

Mesmo jogando mal, que ele saiba o que ele pode fazer com a bola.

Eu tenho que trabalhar muito mais o aluno que tem dificuldade do que aquele que já é bom por natureza, que já é dotado.

Todos são obrigados a fazer a aula, mesmo aqueles que não querem. E os mais fracos sempre melhoram. Não que eles cheguem aonde eu acho que poderiam chegar, mas, pelo menos, saem daquela inibição.

Esses professores também defendem as Turmas de Treinamento para os mais habilidosos, porque dessa forma as aulas de Educação Física seriam destinadas ao aprendizado por parte de todos os alunos, incluindo os que apresentam dificuldades. Com esse recurso, eles poderiam "abaixar" o nível das aulas, desde que fosse garantido um espaço fora do período letivo para o aperfeiçoamento técnico dos alunos que apresentam habilidades mais desenvolvidas. Fica explicitada, portanto, uma distorção, que consiste no fato de as aulas de Educação Física não estarem à disposição de todos os alunos, já que elas acabam secundarizadas em relação às Turmas de Treinamento, realizando, por vezes, a classificação de alunos para aquelas.

Se você está a fim de desenvolver uma habilidade, você monta uma Turma de Treinamento, fora da aula. Mas a aula é aquela que todo mundo participa, saiba ou não, tenha condições ou não.

A partir da constatação de que o esporte é o tema central das aulas de Educação Física, é importante saber o que os professores esperam que os alunos aprendam das aulas. Perguntados a respeito do que os alunos levam das suas aulas, alguns professores afirmaram que era o conhecimento das modalidades esportivas, tanto em termos de saber praticá-las como em termos de saber apreciá-las.

Eu procuro, no decorrer do ano, trazer para a criança uma ideia do que é uma modalidade esportiva.

Além do esporte, os professores afirmaram também que os alunos aprendem nas suas aulas noções sobre o corpo, de fortalecimento físico e de educação do movimento, visando a maneira correta de o corpo dispor-se no mundo.

Eu ensino uma noção dos esportes e pretendo contribuir também para o fortalecimento físico da criança.

Seria uma educação, educar-se para os próprios movimentos. Ele ser conhecedor do seu potencial.

Quando ele estiver andando, ele saber andar; quando estiver correndo, ele saber correr. Que ele saiba botar o pé no chão; quando ele vai pular, que saiba pular; quando ele for jogar, que saiba jogar. É o máximo. O que mais de correto que eu possa passar, eu tenho que passar.

Todos os professores, sem exceção, falaram do aprendizado, por parte dos alunos, de regras sociais por intermédio do esporte, tais como saber vencer, saber perder, cumprir horários, ter respeito pelo companheiro e pelo adversário, esperar a sua vez, relacionar-se em grupo. Por meio do esporte, os professores estariam ensinando e exigindo dos alunos a prática de regras coletivas, que se manifestam de forma evidente nas atividades esportivas.

O que eles saem tendo é uma boa noção de coletividade.

Acho que eles saem mais socializados.

Se você perguntar assim:"ah, vai ser um jogador?" Não vai, mas ele vai ser educado, ele vai saber. Ele vai pedir licença para entrar; ele vai ficar esperando a vez dele.

O respeito, porque eles têm que ter, porque eles quase não se respeitam. Eles se chutam, eles se batem. Eles vêm para a escola dessa forma.

Você ajuda essa criança no dia a dia dela. Você faz com que ela aprenda a respeitar os outros seres com quem ela tem que conviver.

A falta de especificidade

É interessante assinalar também que os professores, quando perguntados a respeito da especificidade da Educação Física, não conseguiram diferenciá-la de maneira clara de outras disciplinas, já que todas ensinam e exigem valores como respeito, cumprimento de horário e sociabilização. Porém, enfatizaram a maior capacidade da Educação Física em ensinar esse tipo de valores educativos. Segundo eles, nesse momento a Educação Física estaria sendo educação. Ela estaria cumprindo sua função educativa na medida em que ensinasse determinados valores de vida aos alunos. É impressionante como os professores apresentam dificuldades em falar da especificidade da Educação Física, ou, em outros termos, dos limites que a distinguem de outras disciplinas escolares. Quando insistimos que qualquer disciplina poderia ensinar os valores apresentados, os professores tenderam, em vez de diferenciar a Educação Física, a ressaltar sua maior capacidade em conseguir transmitir tais valores ou tais ensinamentos. Uma das razões invocadas para tanto seria a motivação que as aulas de Educação Física geram nos alunos, distinguindo-a com vantagem das chamadas disciplinas de classe. Um outro motivo seria a capacidade que os esportes possuem de colocar em prática regras coletivas. Um terceiro motivo lembrado seria o não comprometimento com nota. Nesse sentido, os professores colocam a Educação Física como a principal disciplina da escola, porque dentro dela as outras poderiam ser incluídas, porém nenhuma inclui a Educação Física.

> É a matéria principal mesmo! Matemática fica uma coisa muito específica, porque a criança vai aprender o raciocínio lógico e acabou ali. Ela não educa. Educação Física, não! Você educa! O próprio nome diz, educação do físico. Mas não é só físico, não. Você educa a mente da criança. Eu acho que é até mais amplo. Você aprende quase que a viver. Você leva muita coisa para a sua própria vida.
>
> Olha, a meu ver, é a matéria principal de uma escola, porque ela contém tudo. Porque nela você faz com que a criança se desenvolva de todas as formas, física e mental também.

Em Educação Física você pega Matemática, você pega Português. Eu ensino tudo para eles, porque às vezes eu tenho brincadeira de tabuada. Quando eles falam errado, eu corrijo. E eles aprendem a falar.

O elevado grau de importância atribuído à Educação Física pelos professores é diretamente proporcional à sua falta de especificidade dentro da grade curricular, como se ela fosse identificada e valorizada pelo que ela não é, em termos de uma disciplina específica que compõe o currículo escolar. No discurso dos professores, ela seria tão importante e tão útil que não seria possível pensar na sua especificidade, sob pena de se perder sua função global na escola. A falta de especificidade e de identidade da Educação Física, que deveria ser vista como um problema da disciplina e do próprio sistema escolar que a inclui, é representada pelos professores como uma virtude. Como ela não ensina nada de modo específico, pode ensinar tudo globalmente.

Eu acho que quase tudo é da Educação Física.

Nós procuramos desenvolver um trabalho em que a gente possa dar à criança um desenvolvimento físico e mental, de maneira a fazer uma dosagem.

Eu acho que a minha finalidade aqui é ajudar que os alunos cresçam.

O básico, eu acho que é o carinho, a atenção, é o prazer naquilo que ele está aprendendo.

Ao falarem da sua disciplina e das suas aulas, os professores referem-se também à escola, ao seu papel nessa instituição e à forma como entendem que são vistos e avaliados. É significativo que, quando perguntados a respeito do seu papel na escola, os professores tendem a falar de suas atividades extracurriculares, tais como ensaios de formatura, preparação de desfiles, ensaios de fanfarra, organização de festas, ou então se referem às solicitações da direção ou da coordenação pedagógica para falarem sobre sexo com os alunos ou para resolverem alguma questão disciplinar com alguma criança que está apresentando problemas. Alguns professores do sexo masculino referem-se também ao fato de existirem poucos homens na escola e de terem que dar uma ajuda em serviços gerais. Autodenominando-se "polivalentes" ou "pau para toda obra", eles citam como suas atividades a troca de lâmpadas, instalações elétricas, pequenos consertos e até a remoção de um barranco, atividade que foi feita numa escola visitada com a ajuda dos alunos, em horário de aula. O que é mais interessante nesse relato é que os professores não se colocam como contrários ao fato de realizarem essas tarefas, nem se rebelam com tal atribuição. Dizem gostar das atividades extracurriculares, inclusive afirmando que elas já fazem parte do seu planejamento anual.

> Ah, eu adoro! Eu faço excursão com eles, eu faço campeonato, eu faço demonstração de ginástica, de dança, festa junina, quadrilha.
>
> Eu tenho a função, às vezes, de socorrer criança que se machuca. Qualquer criança... se eu estou aí por perto, me chamam.
>
> É, eu gosto, me sinto bem! Gosto mesmo! Tudo que é ligado à festa, eu gosto! Não faço por obrigação, não! Porque eu gosto!
>
> Nada exigido. Eu faço porque eu acho também que se eu não fizer, ninguém vai fazer.
>
> Se eu não quiser fazer, eu não vou fazer, mas eu trabalho porque eu acho que a minha disciplina tem que trabalhar aquilo ali.

Essas atividades extracurriculares dão ao professor uma grande importância perante alunos, funcionários, direção e comunidade em geral. Os professores afirmam que no começo de cada ano os alunos perguntam se vai haver a tradicional festa, ou o grupo de treinamento, ou a excursão. Essa importância dada ao professor de Educação Física em virtude de suas atividades extracurriculares parece estar relacionada ao caráter de oposição que os alunos manifestam em relação à estrutura curricular da escola. Na medida em que o conjunto de atividades curriculares é visto como menos significativo pelos alunos, o componente extracurricular começa a ocupar o centro de interesses de todo o corpo discente. A direção, como que para motivar os alunos, também lança mão desses recursos, chegando ao ponto de se observar em algumas escolas, durante todo um ano, a preparação de uma festa junina, uma olimpíada esportiva ou um desfile. Soares (1986), entendendo a contribuição que essas atividades possam dar ao desenvolvimento do aluno e sua utilidade no cotidiano escolar, sugere que elas sejam assumidas por toda a escola e não apenas pelo professor de Educação Física, como se sua disciplina fosse vazia de conteúdo.

Se for considerado todo o tempo despendido com as atividades extracurriculares (desfiles, ensaios, organizações de festas), mais as atividades auxiliares (atuação disciplinar, palestras sobre sexo), mais a saída com as equipes esportivas para jogos em outras escolas, mais os consertos que os professores do sexo masculino afirmam fazer, é de se perguntar qual o tempo que resta para as aulas de Educação Física, para o trabalho pedagógico curricular. Se, além de considerar o tempo com as atividades extracurriculares, for considerada também a dificuldade dos professores em determinar a especificidade da Educação Física, chega-se ao perfil de uma disciplina caracterizada pelo "não curricular", pelo "diferente" em relação às outras disciplinas escolares. Dessa forma, pode-se afirmar que o professor é também visto na escola como uma pessoa diferenciada, "especial". Já observamos que o professor de Educação Física se apresenta de maneira distinta dos outros professores, tanto no aspecto físico como em termos de horários, comportamentos e local em que trabalha. Vemos agora que essa diferenciação também está relacionada ao conteúdo desenvolvido pela Educação Física e à própria identidade da área diante do currículo escolar.

Entretanto a Educação Física parece possuir algumas vantagens em relação às outras disciplinas. Os entrevistados afirmam ser mais apreciados pelos alunos do que outros professores, devido ao fato de sua disciplina não reprovar por nota e ao fato de trabalharem com o esporte, além de, como já dito, serem os organizadores das atividades extracurriculares. Quase todos afirmam possuir com os alunos um ótimo relacionamento, mais próximo do que aquele que os alunos mantêm com os professores de outras disciplinas. Essa proximidade chega até mesmo a um certo grau de intimidade, quando os alunos relatam problemas de ordem familiar, ou quando confidenciam críticas contra outros professores ou contra a direção da escola.

É um professor que nunca é rejeitado pelos alunos, mesmo ele sendo chato, bonito, feio.

Ele é menos pichado.

Eles se abrem muito com o professor de Educação Física. Não sei, acho que é afinidade.

Eles chegam para a gente para contar dos outros professores. Então, a gente tem uma amizade, tem mais conversa.

É interessante também observar o contraste entre a incompreensão por parte da direção em relação ao trabalho curricular do professor de Educação Física e o seu reconhecimento quando realiza atividades extracurriculares. Alguns professores afirmam que a direção da escola não compreende o seu método de trabalho, não observa suas aulas e relega a Educação Física a um papel secundário em relação às outras disciplinas. Alguns professores tecem críticas contundentes ao sistema educacional representado pela direção, chamando-o de "antiquado" e "falido". Nesse momento, eles se colocam como incompreendidos.

A escola, em geral, a diretora, eles não entendem a Educação Física.

Eu já tive casos de diretores que odiavam o professor de Educação Física.

Eu acho que a Educação Física não é valorizada. Eu acho que, principalmente no ensino público, não é valorizada.

Eu estou bem chateado com o sistema educacional, principalmente na escola pública. Você não tem condições materiais, não tem condições humanas. Você vê muito interesse em aparecer das pessoas e isso vai te deixando desgostoso.

A escola não prepara ninguém para a vida. A escola é apenas uma exigência legal. Não existe escola!

Em contraposição, a valorização por parte da direção ocorre por meio dos frutos do trabalho extracurricular, chegando ao ponto, numa das escolas visitadas, de a diretora manter na unidade um professor comissionado, que obteve vários triunfos esportivos em campeonatos colegiais, em detrimento de um professor efetivo. Nesse momento, a direção apoia, consegue material esportivo, elogia, e os professores sentem-se valorizados. Parece ser a única forma de o professor de Educação Física ser reconhecido, apesar de nessas situações ele não atuar como professor e sim como técnico esportivo, animador ou organizador de festas. Dessa forma, a Educação Física na escola se caracteriza essencialmente pelo seu aspecto não curricular.

As definições de Educação Física

As definições que os professores dão de Educação Física ilustram a dificuldade apresentada em identificá-la como disciplina no contexto escolar. Alguns professores referem-se a ela como um espaço de lazer.

> É a hora que eles podem jogar bola. É aquela hora de lazer, de descontração.
>
> Defino Educação Física como um lazer para o teu autoconhecimento e para o teu relacionamento com o meio e com outras pessoas.

Quase todos os professores demonstram dificuldade em definir Educação Física. Alguns professores dão uma definição teórica tão genérica que não consegue determinar a especificidade da área.

> Eu acho que Educação Física é o movimento.
>
> A Educação Física é um trabalho biopsicossocial. Você trabalha o corpo e a mente das pessoas.

Outros dão uma definição totalizadora, ampla demais e colocam a Educação Física como englobando tudo o que se faz na escola, porque tudo o que ela ensina pode ser aplicado em outras situações da vida.

> Educação Física eu acho que é lazer, recreação, atividade física, vida, esporte, tudo. A Educação Física engloba tudo o que a gente faz, porque o que você aprende ali dentro você leva para tudo aqui fora.

A amplitude desse tipo de definição genérica contribui para aumentar a incerteza quanto ao significado da Educação Física.

> Eu não sei te definir Educação Física.

Ah, se eu te falar que eu nunca parei para definir. Acho que é um bem-estar com você próprio.

O modo de realização desse bem-estar varia, indo da referência ao aspecto físico, como o ensino do "jeito certo" de um músculo se movimentar, até uma forma de harmonia interior.

Educação Física... a palavra já fala tudo: a educação do físico. Que mostra o jeito certo de usar tal músculo para fazer tal exercício.

Dentro da Educação Física você pode ajudar o corpo a funcionar, essa máquina a funcionar de uma forma melhor.

A Educação Física... eu acho que é você tentar melhorar essa harmonia. É você desenvolver cada parte do corpo para que elas fiquem o mais harmoniosamente possível.

Daí porque certas definições referem-se à Educação Física atribuindo-lhe uma certa função "salvadora" em relação à escola. Ela seria a responsável por tornar a escola mais agradável para a criança, gerando prazer e assumindo para si uma preocupação que tem sido discutida em âmbitos maiores, como o da própria escola e o do sistema escolar.

O objetivo do professor de Educação Física é fazer com que a escola seja mais gostosa para a criança, fazer com que a criança fique na escola e goste da escola.

Na escola, a criança poderá encontrar no professor de Educação Física ainda outra função de "salvação", não mais da instituição, mas da própria individualidade. De fato, vários professores afirmam como função da Educação Física auxiliar o desenvolvimento de crianças tímidas e retraídas, dando a elas condições de enfrentar com segurança a vida futura.

Eu acho que o aluno tem oportunidade de se desinibir, melhorar sua coordenação motora.

Você pode realmente mudar a vida de uma pessoa, fazer ela se conscientizar de que ela tem condições de fazer alguma coisa que ela acha que não tem. Então, acho que a Educação Física desinibe muito. Eu acho que a Educação Física dá oportunidade da criança se desenvolver melhor, mais livremente.

Não se trata, obviamente, de negar o objetivo da escola e a contribuição da Educação Física em relação ao desenvolvimento global do aluno. Entretanto, o que se evidenciou nas entrevistas foi uma prioridade desses aspectos, motivada justamente pela ausência de especificidade da área.

Todas as definições de Educação Física apresentadas pelos professores sintetizam o conjunto de afirmações que eles fizeram ao longo das entrevistas. Embora diferentes entre si e revelando características individuais, os relatos podem ser compreendidos como uniformes, demonstrando assim seu caráter de construção social. A forma como cada professor representa a Educação Física pode ser depreendida não só por meio das definições apresentadas, mas também quando eles se reportam à própria experiência de vida na infância, quando citam os fatores relacionados à escolha profissional que fizeram, quando descrevem a forma como ministram suas aulas, quando relatam os objetivos que esperam atingir por intermédio do seu trabalho e quando falam do seu papel no contexto da escola. Mais do que opiniões individuais, as entrevistas reafirmam a construção social das representações dos professores, indicando uniformidade e regularidade no grupo.

Esse conjunto de representações não pode ser visto como desvinculado das ações dos professores e do cenário em que elas ocorrem. A ação dos professores, embora não investigada sistematicamente, foi observada quando falávamos com eles na quadra, em meio à aula, ou quando algum aluno interrompia a entrevista, ou quando a diretora referia-se ao professor, ou quando algum funcionário dava informações, ou, até mesmo, quando a delegada de ensino recomendava alguma escola para a realização de nossa pesquisa.

Assim, o trabalho dos professores de Educação Física está ancorado num conjunto de representações sobre a própria área que extrapola as opiniões do grupo, perpassando toda a instituição educacional. É a lógica subjacente a essas representações que iremos em seguida procurar demonstrar, por meio da construção social do corpo que por intermédio delas se revela.

4
DO CORPO MATÉRIA-PRIMA
AO CORPO CIDADÃO

*Eu estou contribuindo para a formação
do cidadão, direta ou indiretamente,
para o progresso do país.*

Professor entrevistado

O corpo, conforme já discutido, é um espaço privilegiado no qual é possível encontrar o duplo critério proposto por Lévi-Strauss (1976) para a diferenciação entre o chamado "estado de natureza" e o "estado social". Nele é possível perceber características comuns a qualquer ser humano, nascido em qualquer parte do mundo, sob qualquer nacionalidade. Porém, nele também é possível perceber regras que diferenciam os homens, diferenciação esta que não torna nenhum deles menos humano, mas apenas especificamente humano. O controle sobre o corpo faz-se necessário para a existência da cultura, apesar de ser absolutamente variável entre as sociedades e ao longo do tempo. Esse controle não se dá apenas por meio da imposição de regras sobre os instintos naturais, mas também por meio da construção da própria noção de corpo e de natureza, variável tanto de uma sociedade para outra como de uma época para outra. Assim, o mesmo corpo que torna os homens iguais e membros da mesma espécie também os torna diferentes, e não há nisso qualquer paradoxo, porque a igualdade e a diferenciação são dois aspectos de uma mesma questão. Na medida em que a igualdade é tomada como critério, é possível perceber a diferenciação e vice-versa.

Portanto, se é verdade que o homem só existe como natureza e cultura, indissociavelmente unidas e explícitas no corpo, é possível afirmar que qualquer prática que se realize com, sobre e por meio do corpo só se torna compreensível na medida em que explicita uma certa concepção acerca da relação entre esses dois aspectos. Essa concepção, como produto da cultura, varia ao longo do tempo e de uma sociedade para outra. Compreende-se, assim, que a própria ideia de uma Educação Física é uma construção social, tal como a noção de corpo que ela difunde por intermédio de seus profissionais. Em outras palavras, um trabalho com o corpo, de Educação Física ou não, que se preocupasse somente com a dimensão fisiológica que esse corpo inegavelmente possui, estaria desconsiderando que essa constituição orgânica, sendo a de um corpo humano, pode se expressar, em termos de sentido, de formas absolutamente diferentes em grupos diversos. Sendo o objetivo deste trabalho justamente compreender as representações dos professores da área sobre sua prática profissional, procuramos analisá-la buscando decifrar a forma como eles constroem, como membros de uma dada sociedade e nos termos de sua cultura, a noção de corpo que sustenta essa prática. A forma como os professores entendem e traduzem essas noções influencia no tipo de aula que ministram, no delineamento dos seus objetivos, na sua postura perante os alunos e na forma como utilizam as técnicas corporais na sua rotina de aulas, constituindo assim como que um fio invisível que costura, por uma lógica própria, sua experiência de mundo e, portanto, a concepção acerca de sua prática como profissionais.

Os professores afirmam que tiveram uma infância próxima da natureza, com espaço, áreas verdes e brincadeiras de rua. Falam de um corpo livre, que não tinha ou não se preocupava com técnicas rígidas; um corpo "natural", que brincava e sentia prazer. É com esse mesmo corpo "natural" que eles passam a gostar do esporte, alguns tornam-se atletas e são assíduos frequentadores das aulas de Educação Física. Procuram uma faculdade que vai ao encontro dessas atividades esportivas e tornam-se professores, assumindo o papel de antigos docentes, tidos como ídolos. Passam, então, a trabalhar sobre os corpos "naturais" de crianças, agora seus alunos.

O dado mais relevante que foi possível depreender das entrevistas, e que parece ser a própria base da atuação profissional do grupo, é que os professores procuram realizar, ao trabalhar por intermédio dos corpos de seus alunos, uma tarefa que, no plano simbólico em que se estruturam suas representações a respeito de sua prática, aparece como uma mediação entre a ordem da natureza e a ordem da sociedade. No primeiro plano, entendem o corpo como matéria-prima sobre a qual vão impor seus objetivos e seus métodos de ensino.

> Acho que o corpo é a coisa mais sadia que a gente tem. Acho que a gente tem que cuidar e tentar sempre estar trabalhando com o corpo, não ficar se encostando. Acho que o corpo é saúde. Eu acho que o corpo foi feito para a gente explorar, para a gente usar mesmo.
>
> É como se fosse uma matéria-prima, que a pessoa tem no dia a dia que trabalhar, conservar, lapidar. A vida da pessoa! Eu vejo assim como uma matéria-prima que as pessoas têm obrigação de alimentar.

Situando-o na ordem da natureza, os professores pressupõem um corpo "natural", isto é, livre, despojado de técnicas. É a mesma imagem do seu corpo infantil que esses profissionais projetam sobre o corpo dos seus alunos. Tomando-o como um dado da natureza, devem, portanto, trabalhar sobre esse corpo para conduzi-lo à ordem social. Nesse plano, entendem o corpo como aprendiz de comportamentos sociais, de atitudes necessárias para uma vida melhor; entendem o corpo como base do aprendizado e prática de regras sociais por parte do aluno, futuro cidadão.

> Corpo é o início da aprendizagem. Você aprende a se movimentar, a se conhecer, a ver o teu espaço, tudo através do seu corpo. Você enxerga o mundo através do seu corpo.

Eu acho que é tudo. Se a gente não preservar, não tiver, assim, uma sequência de movimentos para educar, logicamente a gente vai atrofiar. É tudo o que a gente poderia explorar e consequentemente conseguir valores melhores.

Essa passagem simbólica da ordem da natureza para a ordem social é realizada, na representação desses professores, por meio da imposição de técnicas sobre o corpo, destacando-se entre estas as técnicas esportivas. Os professores ensinam uma série de movimentos aos alunos, objetivando a incorporação por parte destes de um conjunto de técnicas que deverão ser capazes de torná-los mais adestrados e, ao mesmo tempo, mais socializados, com maior capacidade de enfrentar o mundo.

Para os professores, esses alunos são, tal como eles foram no passado, crianças cujos corpos não apresentam técnicas ou que se movimentam de forma não técnica. Esses corpos "naturais" se mostram ávidos para o aprendizado escolar de técnicas corporais.

Porque você pega crianças que não têm um trabalho corporal.

O aluno vem de uma quarta série, nunca pegou numa bola. Às vezes o aluno vem sem muita coordenação.

Eu pego aluno que não sabe correr, não sabe respirar direito ainda. Só jogam futebol.

A nossa escola é de uma clientela carente e a educação fica só a cargo da escola. Praticamente, eles não trazem nada ou quase nada de casa.

Há que se observar aqui a contradição entre a continuidade da experiência infantil que os professores levam para a escola, quando falam de si próprios, e a ruptura que estabelecem para os alunos. Os professores, quando crianças, brincavam naturalmente e foi o corpo tido como natural que os fez gostar das aulas de Educação Física, levando-os a seguir essa carreira profissional. Seus alunos, hoje, não apresentam um trabalho corporal, não sabem correr, não sabem respirar direito, em síntese, "não trazem nada de casa". É essa ruptura entre sua experiência passada e a experiência atual de seus alunos que justifica sua função de mediação entre a ordem da natureza e a ordem da sociedade.

Ora, essa tarefa grandiosa que os professores defendem para a Educação Física, de inserir os alunos, por meio do corpo, na ordem da sociedade, é o que dá sentido às suas afirmações de educação global, ou de sociabilização, ou ainda, de sua função de realizadores das atividades extracurriculares da escola. Vê-se, portanto, que a atuação dos professores de Educação Física na escola, apesar de carecer de especificidade, é dotada de uma alta eficácia simbólica, uma vez que eles se veem e são reconhecidos a partir do seu papel diferencial na escola, de sua atuação não curricular.

É interessante observar também como os professores desconsideram o repertório corporal que as crianças possuem antes de entrar na escola, como se a Educação Física escolar fosse o único recurso de educação corporal para os alunos. Ao considerarem os movimentos corporais das crianças como não técnicos, os professores entendem esses corpos como desprovidos de cultura, fazendo parte da ordem da natureza, podendo, então, justificar a atuação da Educação Física no sentido de contribuir para a formação do cidadão, ou seja, aquele indivíduo que deve possuir um repertório corporal adequado à vida em sociedade. É como se os movimentos enfatizados nas aulas de Educação Física fossem corretos, e que devessem substituir todos os outros que a criança aprendeu ao longo de sua experiência de vida.

> Eu trabalho muito a fundamentação da coisa. O que é o certo.
> Ninguém chega e taca! Eles arremessam. É diferente!

Já vimos que os movimentos corporais só têm sentido por serem criados pelos homens como membros de uma sociedade e transmitidos através das gerações. Dessa forma, as técnicas corporais só podem ser chamadas de técnicas porque são culturais. Não é possível falar de um movimento "não técnico", "natural", "livre", ainda não atingido pela cultura.

Quando os professores definem corpo, é possível perceber a ideia de matéria-prima que tem que ser lapidada, cuidada, preservada, alimentada, para ser conservada em bom estado. A partir dessa matéria-prima, há a necessidade de preparar esse corpo saudável para a vida em sociedade.

É por isso que a gente trabalha o corpo, senão o corpo fica sem vida, vai ficar um corpo parado. Então, a gente tem que mexer as mãos, os braços, cabeça, pernas.

Corpo... ele tem que ser saudável! Ele tem que ser bonito! Você tem que bater o olho e ver que a pessoa tem interesse, prazer em manter o corpo melhor, cuidar, que aquilo lá é importante também para o interior, para o ego, para o dia a dia, para as conquistas aí na vida afora.

Nessa transformação do corpo matéria-prima em corpo social é possível perceber a ideia de máquina eficiente, que não pode parar, que tem que funcionar com perfeição.

Eu acho que o nosso corpo é uma máquina. Você não pode ficar parado, senão já começa a doer em algum lugar e tem dificuldade até de andar.

Corpo é uma máquina perfeita, ou deveria ser perfeita. Para alguns, falha às vezes.

Eu acho que o corpo é um conjunto harmônico de coisas, de peças. Então, juntaria um braço, uma perna, peças e formaria um conjunto harmonioso possível, onde tudo se encaixa, tudo funciona bem.

Pensando o corpo como perfeição da técnica, chega-se, portanto, à ideia de corpo eficiente, num duplo sentido: mecânico, por um lado, de manutenção de uma máquina perfeita e, por outro lado, social, de cumprimento das regras que a vida em grupo exige, contribuindo, assim, para o desenvolvimento da sociedade. Todos os professores entrevistados enfatizaram o seu papel de preparadores de indivíduos perfeitamente socializados, função esta que é realizada por meio da aplicação de técnicas, quase sempre esportivas, sobre os corpos dos alunos. O aluno que souber praticar melhor as técnicas esportivas será mais capaz de viver em sociedade, será um indivíduo mais evoluído, que saberá ganhar e perder, saberá esperar a sua vez, saberá enfrentar melhor as adversidades que a vida apresenta. Dessa forma, estará sendo criado um homem brasileiro, que será intelectual, moral e fisicamente melhor, tal como se pretendia em outras épocas da história do Brasil. Entretanto, em vez de contribuir para a melhoria da raça, como se pretendia no final do século passado, ou em vez de qualificar a mão de obra ou preparar o indivíduo para a defesa da pátria, como se queria no Estado Novo, a Educação Física atual pretende aprimorar o corpo, levando-o à perfeição da técnica, para, por meio dele, alcançar um tipo de eficiência característica da sociedade capitalista, tida como base do potencial da nação e da construção de seus cidadãos.

Eu posso dar a minha contribuição para que aquele adolescente, que está ali em desenvolvimento, não faça uma opção por um caminho tortuoso. Dentro do mundo esportivo ele pode ter um desenvolvimento, tanto físico quanto de cabeça, legal.

Eu estou contribuindo para a formação do cidadão, direta ou indiretamente, para o progresso do país. É uma coisa boa, uma coisa honesta. A gente está num país de muita gente desonesta.

Seria assim uma formação, uma preparação para uma cidadania, para tornar o aluno cidadão, para preparar o aluno para o que ele vai enfrentar fora da escola. O aluno tem um horário a cumprir, um horário marcado de aula, um comportamento, ele tem deveres, direitos.

Povo que tem educação é um povo que cada vez mais vai para a frente; vai para a frente porque tem educação, tem uma conscientização. Então, é por isso que tem Educação Física.

A busca do corpo tecnicamente perfeito não se limita às sessões de Educação Física na escola, mas se prolonga na criação de hábitos de vida, de novos costumes, mesmo nos momentos de lazer, para que o aluno preencha adequadamente o seu tempo livre, como se ele não fosse capaz de decidir o que fazer nas horas vagas.

É como eu falo para eles: "Você não tem nada para fazer, em vez de ficar em casa assistindo televisão, está sozinho, vai fazer uma parada de mãos na parede, vai fazer estrela, vai correr, não fica parado em casa perdendo tempo da tua vida vendo o tempo passar".

Uma característica essencial que é possível perceber na busca desse corpo eficiente é a ênfase centrada no indivíduo, como se o homem não vivesse em sociedade, como se o corpo não fosse produto da cultura e como se a vontade individual bastasse para o desenvolvimento corporal. Mais uma vez fica patente a ideia de corpo "natural", que pode, graças à vontade individual, desenvolver-se, passando diretamente para a "boa" ordem social, como corpo "cidadão".

> Se ele se esforçar mais, ele vai conseguir fazer, fisicamente, tudo.
>
> Eu acho que a Educação Física pode se comparar à vida. Você está no meio de um monte de gente, cada um tem um certo potencial, você tem que respeitar o potencial de todos e nesse grupo você consegue vencer, mas o outro também pode conseguir vencer. Você tem que dividir isso com o outro.
>
> A regra de um jogo você transporta para a regra da vida, a sua sociedade, como você vive em sociedade.

Na verdade, o objetivo da Educação Física escolar, no relato dos professores, é dar condições para o aluno levar uma vida melhor, e essa vida melhor passa, necessariamente, pela compreensão, por parte do aluno, do seu papel na sociedade.

> Educação Física é a criança ter a compreensão, a formação, entender a importância dela na sociedade.

Essa concepção de Educação Física como trabalho de preparação do cidadão está ancorada nas duas grandes influências sofridas por ela no Brasil ao longo de sua história, a militar e a médica. Só faz sentido falar da utilização da Educação Física na busca da eficiência que leva à cidadania se for considerada a influência conjunta dos militares e do conhecimento científico da medicina, com sua noção de corpo humano primordialmente biológica. Só dessa perspectiva é possível conceber que, lançando mão das técnicas da Educação Física, se pretendesse construir homens fisicamente fortes e saudáveis, aptos a defender a pátria e viabilizar a construção da nação.

Esse trabalho de preparação do cidadão brasileiro – consoante com um padrão de eficiência explícito no corpo, que, definido inicialmente de uma perspectiva higienista e eugênica e depois pelo modelo esportivo nacional, hoje tem a forma da modernidade capitalista – não pode ser realizado sem uma dose de autoritarismo. Apesar de os professores se considerarem apreciados pelos alunos e de enfatizarem as vantagens motivacionais da Educação Física, como o trabalho com esportes, a liberdade nas aulas e a ausência de nota, a grande maioria se coloca como controladora, na busca da excelência do programa desenvolvido.

Eu não desprezo ainda um pouco daquela aula tradicional.

Eles me acham muito brava.

Às vezes, tem de ser duro!

Não deixo muito à vontade mesmo.

Quando eu chego, eles já sabem, precisa entrar em forma.

Eu dou liberdade para o aluno, mas eu ainda exijo um pouco deles.

Eu sempre comando. O que eles vão fazer naquele dia já está tudo preestabelecido. Eu sou um pouco bravo. Eu acho que eu não sou muito maleável, não. Eu não sou rígido. Eu sou acessível. Mas, ao mesmo tempo, a gente tem que ter o pulso.

À primeira vista, a atitude paternalista dos professores em relação às crianças, revelada nas entrevistas, poderia ser entendida como contraditória com essa postura autoritária. Entretanto, percebese que esse paternalismo apenas camufla a postura diretiva que os professores têm diante de seus alunos por meio da exigência de movimentos corporais tidos como corretos. E, ao camuflá-la, esse paternalismo acaba por reafirmar-se como constitutivo do papel do professor de Educação Física na escola.

Às vezes, acho que a gente é pai, é mãe para o aluno. A gente é tudo para ele, para resolver os problemas dele.

Eu acredito que eu posso dar um pouco de mim aos alunos que comigo convivem.

Eu tinha sempre muita vontade de fazer alguma coisa por alguém, e peguei essa escola no desejo de me realizar, não só profissionalmente, mas como pessoa, como ser humano, achando que aqui as crianças eram bem carentes por serem da favela. Eu poderia fazer um trabalho com eles bem de amor, de dar o máximo de amor, de atenção que eu pudesse dar para eles.

Por isso mesmo, na qualidade de mediadores que fazem a passagem da ordem da natureza para a ordem social, transformando o corpo natural em corpo eficiente, e preparando o futuro cidadão, os professores sentem-se gratificados e realizados. Apesar das reclamações em relação ao salário, à falta de materiais e à falta de estrutura, eles gostam do que fazem e consideram que possuem "o dom de ensinar".

Eu acho que professora é dom. Não adianta você querer se formar professora. Você nasce com aquele dom.

Eu não consigo trocar. Não consigo fazer outra coisa porque eu gosto disso, eu gosto de dar aula, eu gosto de ensinar.

Para mim representa dar tudo daquilo que eu tenho para outras pessoas que não tiveram possibilidade de ter.

A impressão que se tem, pelo discurso dos professores, é que um modelo de aula diferente, que, talvez, pudesse ser considerado mais democrático, seria incompatível com os objetivos de formação do cidadão. É por isso que eles enfatizam a organização e a disciplina como condição das suas aulas.

Sempre que eu vejo que eu posso estar perdendo a rédea e vai virar bagunça, então eu imponho.

Tem que ser organizada senão não dá. Já é em lugar aberto. Então, talvez você ache que fica meio rígida, mas tem que ser assim. Na hora de trabalhar, tem de trabalhar. Tem que programar e ser mais ou menos rígido. Você não pode deixar só por eles, porque senão vira bagunça.

À época em que eu fiz escola, era um pouco militarismo, era uma formação militar. Mas a gente muda. Eu sei que a disciplina e a ordem são básicos em tudo, e onde não houver disciplina, você não consegue quase nada. Disciplina e ordem.

Alguns professores reconhecem que sua postura ainda é conservadora:

Eu acho que minhas aulas ainda são meio quadradinhas. Eu estou tentando mudar.

É interessante notar a contradição entre o discurso dos professores, que defende a formação do cidadão, e sua postura diretiva nas aulas quando buscam o movimento eficiente. Essa contradição revela a noção de cidadania que permeia o discurso dos professores, muito mais ligada ao cumprimento de normas e regras do que visando à crítica e à autonomia dos alunos.

Porém mudar nem sempre é fácil. Os professores não são "conservadores" apenas pela influência militar, que deixou para a Educação Física um legado autoritário nos seus métodos de ensino, hoje reproduzido no comportamento dos professores perante seus alunos. É preciso entender as mediações sociais concretas por meio das quais essa influência foi capaz de perpetuar-se de forma inconsciente e, muitas vezes, contra a intenção explícita dos professores.

Para isso, será necessário recorrer novamente a Marcel Mauss, lembrando que, para ele, a educação ocorre por meio de um processo de imitação, por parte das crianças, de atos que obtiveram êxito e que foram bem-sucedidos em pessoas que detêm prestígio e autoridade no grupo social. É justamente esse processo tradicional que transmite gestos, valores, conceitos e comportamentos de pais para filhos, ou de professores para alunos. Essa reflexão permite compreender os motivos pelos quais os professores enfatizam a sua postura de comando e de controle nas aulas. Permite também entender por que esses profissionais se reportam a seus antigos professores de Educação Física na escola como verdadeiros ídolos, sendo lembrados por eles muitos anos depois. O que esses professores realizam com seus alunos, em nível de postura disciplinar, parece ser uma imitação do que seus antigos professores fizeram com eles. Trata-se de uma imitação prestigiosa, já que os professores marcaram suas vidas, tornando-se seus ídolos e modelos. Esse prestígio serve para reforçar o conteúdo dos ensinamentos que nossos professores receberam de seus antigos mestres e que, hoje, transmitem a seus alunos. Possivelmente, eles visem ocupar no futuro, na lembrança de seus alunos, o mesmo lugar de prestígio reservado à imagem de ídolos que eles têm dos antigos professores. É dessa maneira que toda uma visão de mundo pode ser filtrada por meio da linguagem silenciosa do corpo, cuja concepção responde pela lógica que articula as representações e a prática dos professores de Educação Física no desempenho de sua atividade profissional.

CONCLUSÃO:
POR UMA EDUCAÇÃO FÍSICA PLURAL

*Porque se chamavam homens,
também se chamavam sonhos,
e sonhos não envelhecem.*

Lô Borges, Márcio Borges, Milton Nascimento

O papel da Educação Física na escola e a forma como seus profissionais incorporam o caráter especial da área e sua diferenciação em relação às outras disciplinas são significativos para compreendermos sua prática escolar na rede pública de primeiro grau, bem como a lógica das representações que a justificam.

O caráter diferencial da Educação Física em relação às outras disciplinas escolares é percebido quando os professores não conseguem falar da especificidade da sua área de atuação na escola, e na própria definição que dão de Educação Física. Em ambos os casos, percebe-se uma certa abstração das respostas, evidenciada na vocação da "educação global" que os professores imputam ao ensino de Educação Física. Os professores reconhecem que todas as disciplinas escolares procuram preparar o aluno para a vida em sociedade, mas se veem com mais condições para essa tarefa, justamente pelo trabalho sobre e por meio do corpo, que, na sua opinião, permite uma atuação global sobre os alunos. Esse aspecto é enfatizado pelos professores, chegando ao ponto de um deles afirmar que a Educação Física educa, enquanto as outras disciplinas não conseguem tal intento.

Entretanto, esse "privilégio" concedido à Educação Física só pode ser entendido em virtude da sua especificidade e da sua diferenciação em relação às outras disciplinas escolares. Tal concepção não se restringe à visão que os professores possuem da área, mas está presente até mesmo na legislação, que entende a Educação Física como atividade, em vez de disciplina escolar. Esse caráter de atividade da Educação Física está presente no fato de a nota não reprovar o aluno, no fato de as turmas, em algumas escolas, serem divididas por sexo somente nessas aulas, e no fato de as aulas serem, em alguns casos, fora do horário regular da escola.

Mais ainda, essa diferenciação da Educação Física também está confirmada e legitimada na própria função que as escolas, por meio de suas direções, delegam a ela. Como vimos na análise das entrevistas, os professores de Educação Física são solicitados a colaborar nas atividades extracurriculares (festas, desfiles, formaturas), em orientações disciplinares ou sexuais, e em pequenos consertos, no caso dos professores do sexo masculino.

Por fim, a própria localização aleatória da quadra, chamada por alguns professores de "nossa sala de aula", parece estar relacionada ao papel diferencial que a Educação Física ocupa na escola, já que parece ter por critério o espaço que sobrou após a construção do prédio.

Nota-se aqui uma ambiguidade no papel da Educação Física escolar: o seu caráter diferencial, aleatório e extracurricular, mostrado até aqui como problemático e criticado em vários estudos atuais, é o que dota a prática escolar de Educação Física de uma eficácia simbólica, responsável pelo seu sucesso entre alunos, pais e direção das escolas, sucesso este que justifica o papel educativo pelo qual os professores se autoavaliam.

Entretanto, esse caráter diferencial da Educação Física na escola, incorporado pelo professor no seu discurso, no seu comportamento, no seu relacionamento com os alunos, bem como nas atividades extracurriculares que realiza, deve ser analisado em conjunto com a forma como esses profissionais organizam e desenvolvem seu programa curricular. Sua prática pedagógica, de maneira geral, ainda se caracteriza pela busca de um tipo de treinamento ideal para todo um grupo, pelo desejo de uma classe homogênea de alunos, pelo destaque da melhoria da aptidão física como objetivo de ensino. Em outros termos, todos os alunos devem correr o mesmo número de voltas, fazer tantas repetições do mesmo exercício, saltar a mesma metragem. Vemos professores realizando testes físicos no início e ao final de um período letivo para verificar o progresso dos alunos em termos de força, velocidade, resistência e flexibilidade corporais. O nível do grupo é determinado em virtude desses critérios de aptidão física e as atividades propostas seguirão esses parâmetros. Alguns professores chegam mesmo a defender a formação de turmas de Educação Física em virtude do biotipo dos alunos, independentemente da idade que eles tenham e da série que estejam cursando. É sobre os corpos dos alunos assim definidos que deve incidir a prática do professor de Educação Física, como imposição de técnicas que favoreçam seu desenvolvimento e a eficiência do seu desempenho.

Na bibliografia tradicional específica da área, a técnica é tratada de maneira instrumental. As obras a ela dedicadas nada mais fazem do que coletar um conjunto de movimentos considerados eficientes e perfeitos para as finalidades de determinada modalidade esportiva e dividi-los em estágios de uma sequência pedagógica para o seu aprendizado. Dessa forma, uma única maneira de se executar um movimento esportivo ganha o *status* de padrão de correção, e todas as outras formas são tidas como errôneas, incompletas ou variantes menos desejáveis da técnica considerada perfeita. O professor de Educação Física, partindo dessa concepção, tenderá a considerar as técnicas esportivas ou ginásticas como movimentos únicos a serem alcançados no comportamento corporal de seus alunos.

Percebe-se nessa prática pedagógica que o conceito de educação apresentado pelos professores está relacionado a uma certa concepção de educação corporal. É como se fosse uma modelagem de comportamentos e atitudes que serão úteis na vida em sociedade, a partir do aperfeiçoamento, pelo exercício, de um potencial natural do indivíduo, inscrito no seu corpo. Essa concepção de corpo como primordialmente biológico, ainda arraigada na prática dos professores, implica entender que os mesmos ossos, os mesmos músculos, os mesmos órgãos que compõem o patrimônio biológico humano se constituiriam na justificativa para a aceitação de uma noção universal de corpo humano. A consequência direta dessa concepção é a tendência em se visar unicamente ao desenvolvimento físico de todos os alunos da mesma forma.

    Pensando o corpo como exclusivamente biológico, os professores entendem-no como natural, como se fosse anterior à cultura e, portanto, o mesmo em todo e qualquer lugar. Em decorrência dessa suposição, eles negam que os alunos chegam à escola possuindo técnicas corporais, que, por isso mesmo, devem ser-lhes ensinadas. Entretanto, sabemos que toda técnica é cultural, porque fruto de aprendizagem específica de uma determinada sociedade, num determinado momento histórico. Os corpos, embora com uma base biológica semelhante, foram e continuam a ser construídos diferentemente em cada sociedade, segundo os padrões gerais da sua cultura e respeitando as especificidades de classe social, de religião, de grupo etc. Cada sociedade destaca e valoriza determinadas formas de uso do corpo ou determinados movimentos corporais. E assim os corpos vão se diferenciando uns dos outros, em consequência dos símbolos e valores que neles são colocados pela sociedade, em cada momento histórico específico.

    Se o professor percebe que os corpos diferem entre si, a explicação tende a ser em virtude da natureza do corpo e não das especificidades socioculturais que podem ter gerado diferenças corporais. É como se, para o professor, existissem corpos naturalmente melhores, mais fortes, mais capazes e, em contraposição, corpos naturalmente piores, mais fracos, menos capazes. Nesse caso, o professor não conseguirá compreender as técnicas corporais como integrantes de uma realidade sociocultural, tendendo, por isso, a ter dificuldade em adequar a sua prática às características dos grupos com os quais trabalha. Possivelmente, ele não terá condições de entender os movimentos corporais como símbolos sociais e sua prática correrá sérios riscos de se desvincular do contexto de vida dos alunos, apesar de estar significando alguns valores que devem ser esclarecidos. Um exemplo dessa tendência ocorre quando o professor de Educação Física, numa escola de periferia, tenta ensinar a "parada de mãos" e desconsidera que os alunos, em sua grande maioria, sabem "plantar bananeira". São técnicas corporais parecidas. A primeira faz parte de um conhecimento sistematizado de uma modalidade esportiva e a segunda faz parte de um conhecimento corporal popular (Daolio 1993).

Assim, o professor de Educação Física parece esquecer que seu trabalho se dá num ambiente cultural, com pessoas que fazem parte de uma realidade social e utiliza conteúdos historicamente relevantes daquela cultura. O próprio termo "Educação Física" remete sua compreensão para o campo da cultura de uma dada sociedade. Pensar o corpo como construído culturalmente implica considerar que a ênfase biológica que a Educação Física recebeu é também uma construção social, que atendeu a necessidades históricas e políticas particulares.

O referencial antropológico utilizado neste trabalho permite sugerir que a Educação Física reconheça o repertório corporal que cada aluno possui quando chega à escola, já que toda técnica corporal é uma técnica cultural e, portanto, não existe técnica melhor ou mais correta senão em virtude de objetivos claramente explicitados e em relação aos quais possa haver consenso entre professor e alunos.

Em termos de literatura específica da área, somente alguns poucos estudos começam a considerar o corpo, o movimento e o trabalho do professor de Educação Física como produtos culturais. Medina (1987) afirma que existem vários corpos brasileiros. Considerando o corpo como suporte de signos sociais, ele vislumbra uma pedagogia que considere as significações presentes no corpo do homem brasileiro, sem, no entanto, detalhar essa pedagogia objetivando transformar a prática dos professores.

Ghiraldelli Júnior (1988) também inclui a questão cultural na discussão da Educação Física e do papel do seu profissional. Para ele, o professor de Educação Física desenvolve a tarefa de agente cultural, pois atua no sentido de implantar no movimento humano os ditames de uma determinada cultura. Propõe, então, a vinculação de análise do movimento humano ao movimento social, afirmando que o trabalho do professor de Educação Física extrapola a transmissão das técnicas de ginástica e esporte para alcançar a crítica por meio da riqueza cultural inerente aos movimentos humanos.

Na mesma direção, Kofes (1985) também alerta para o risco de os professores de Educação Física levarem em conta somente uma concepção cientificista do corpo como estrutura biológica, não considerando que os alunos possam ter outras representações a respeito do próprio corpo, interferindo mesmo em seus movimentos e comportamentos corporais.

Em outro trabalho, tentamos uma aproximação mais estreita entre a Educação Física e a Antropologia Social. Relacionando a Aprendizagem Motora com o estudo antropológico das técnicas corporais, justificamos que em ambos os níveis o indivíduo aprende: no nível mais microscópico de uma aula de Educação Física, o aluno, por meio do seu corpo e dos seus movimentos, aprende habilidades motoras; no nível macroscópico da sociedade, o indivíduo também aprende determinadas técnicas sociais, muitas vezes sem se dar conta desse processo. E concluímos ressaltando a importância de o professor de Educação Física considerar o aspecto cultural de sua prática, para não se tornar vítima e reprodutor de modismos, saber considerar as diferenças culturais existentes entre os alunos e, assim, poder utilizar adequadamente os ensinamentos da Aprendizagem Motora (Daolio 1989).

Ao trabalhar diretamente com o corpo dos alunos, o professor interfere na concepção e na representação que os alunos têm do próprio corpo. Interfere, por extensão, na própria cultura que dá suporte a essas representações. É possível afirmar que um professor de Educação Física, atento ao alcance cultural de sua prática, tem mais condições de realizar um trabalho competente, por encontrar-se conectado com a realidade sociocultural em que vive. Porque os professores são atores sociais, e sua prática está ancorada num conjunto de representações cuja base é justamente sua experiência concreta no mundo. Como elementos da sociedade, os professores realizam uma determinada prática em virtude da forma como traduzem e filtram os valores sociais.

Entretanto, cabe ainda investigar os motivos que fazem com que os profissionais de Educação Física, na escola, mostrem-se resistentes às críticas e às novas propostas que vêm sendo feitas já há uma década, mantendo uma prática cujo referencial ainda é, primordialmente, biológico. Se, por um lado, existe um discurso dos professores que, em alguns momentos, é transformador e crítico, por outro lado, a lógica de sua prática ainda se mostra arraigada a determinados valores que poderiam ser considerados, precipitadamente, como superados.

A Educação Física no Brasil desenvolveu-se a partir do século XIX e foi grandemente influenciada pelas Forças Armadas e pela chamada Medicina Higienista. Essas duas grandes influências, com algumas nuanças, foram reaparecendo ao longo deste século, inicialmente no Estado Novo e, posteriormente no período pós-1964 (Castellani Filho 1988). Somente a partir do início da década de 1980, com a redemocratização do país, é que a Educação Física começou a ser discutida de forma mais contundente, levando ao reconhecimento de que sua prática escolar é problemática e visando a uma redefinição de seus objetivos, conteúdos e métodos de trabalho.

É dessa forma que a história da Educação Física no Brasil nos dá bases para entender como os professores atuais reproduzem, no seu cotidiano, ideais e valores passados, como a higiene e a eugenia do final do século XIX, ou o militarismo nacionalista do Estado Novo, ou o modelo esportivo característico do recente governo militar. Porém, ao reproduzirem esses ideais passados, eles atualizam, na sua experiência presente, esses valores, atribuindo-lhes novos significados.

Para entendermos esse distanciamento entre o discurso dos professores de Educação Física, muitas vezes crítico e progressista, e sua prática, tradicional e mecanicista, este trabalho procurou sugerir que é necessário considerar o corpo como produto de uma construção social específica e cada gesto ou postura como a expressão individual de uma totalidade social. Dessa perspectiva é possível entender que a lógica da prática dos professores de Educação Física tem por eixo um lugar "estratégico": o corpo desses profissionais. Corpo este que, considerado como produto da sociedade e da cultura, pode ser compreendido em termos de tradição social, sendo os movimentos por ele expressos transmitidos através das gerações. É justamente por deixar de levar em conta os pequenos detalhes inscritos no corpo dos professores que, por sua própria "insignificância" podem passar despercebidos ou inobservados, que a prática desses profissionais apresenta-se resistente a uma crítica que leve a transformações. É por meio da sua prática corporal que os professores vão reatualizando, inconscientemente e muitas vezes contra os próprios valores explícitos em seu discurso, os ideais da Educação Física brasileira desde o século passado. E é justamente a prática corporal desses professores, junto com as representações que por meio dela se veiculam, que dá sentido à sua atividade profissional, tendo sido por eles incorporada como valor por meio de momentos de sua experiência de vida que reputam significativos e são, por isso mesmo, altamente valorizados.

Estas reflexões nos oferecem subsídios para compreender que a história da Educação Física no Brasil, para além de uma somatória de elementos responsáveis pela produção e reprodução de determinados comportamentos dos professores, foi influenciando na construção de um imaginário social referente ao corpo – biológico, naturalista, universal –, que se expressa no conjunto das ações e representações dos profissionais da área até os dias de hoje. Em outros termos, existe uma lógica da prática desses profissionais, tradicional e eficaz, inscrita nos seus corpos e, ainda, refratária a uma crítica que, unicamente baseada no discurso, possa torná-la passível de alterações. Essa tradição, presente na sua prática corporal, só faz confirmar a lembrança desses professores em relação a seus antigos mestres, tomados como inspiração e modelo a ser seguido na sua prática profissional atual.

Vê-se, portanto, que uma ação transformadora na Educação Física escolar só será efetiva se conseguir penetrar esse universo de representações dos professores, decifrar os significados de sua prática, até chegar ao nível dos seus comportamentos corporais. As pesquisas realizadas em Educação Física, de maneira geral, colocam-se ou num nível de análise das condições institucionais em que se desenvolve a prática dos professores, ou dessa própria prática desvinculada do contexto social que a influencia, ou, ainda, tratam os professores a partir do seu discurso e da necessidade de sua "conscientização" com relação aos fatores sociais que incidem sobre o seu trabalho. Em qualquer desses níveis, a experiência concreta desses agentes sociais não é levada em conta. Ou são vistos como meros executores de uma determinada prática, ou como seres capazes de transformar sua prática pela consciência dos seus erros. Esta pesquisa pretendeu, justamente, dar conta desse distanciamento entre o discurso e a prática, contribuindo para uma revisão do papel do professor de Educação Física na escola.

Apesar de os professores entrevistados se apresentarem com características individuais diferenciadas, foi possível compreender a lógica que, no plano simbólico da cultura, ordena o trabalho de Educação Física dos seus profissionais na escola, perpassando as ações e representações não só de todos os professores entrevistados, mas também dos demais agentes da instituição escolar, confirmando, assim, a construção social tanto do seu conceito de corpo como do seu próprio entendimento da área e de sua atuação profissional. Dessa forma, pode-se pensar que o universo simbólico que sustenta a ação desses professores – neste trabalho reconstruído – extrapola o âmbito do grupo considerado, para atingir, com variações a serem investigadas por outras pesquisas, toda a área de Educação Física escolar no Brasil.

Tomando emprestado da Antropologia o princípio da alteridade, que aprendemos a levar em consideração ao longo da realização deste trabalho, talvez pudéssemos encontrar um instrumento útil para nos auxiliar a pensar, sob um outro ângulo, a prática escolar de Educação Física. A ciência antropológica, conforme discutido anteriormente, considera a humanidade plural e procura abordar os homens a partir das suas diferenças. Refuta, assim, o etnocentrismo, que considera uma sociedade como o centro do mundo e a partir da qual as outras são analisadas de forma preconceituosa. Um costume ou uma prática de um determinado grupo não devem ser vistos como certos ou errados, melhores ou piores do que outros do nosso próprio grupo. Ambos têm significados próprios que os justificam no âmbito do grupo no qual ocorrem. Portanto, a diferença não deve ser pensada como inferioridade. O que caracteriza a espécie humana é justamente sua capacidade de se expressar diferenciadamente.

Em razão do seu desenvolvimento como área específica desde finais do século XIX, a Educação Física teve e tem uma dificuldade histórica em pensar a diferença, ou seja, aquilo que destoa de uma expectativa universal do comportamento corporal. Se, por um lado, a Educação Física coloca-se como diferente das outras disciplinas escolares, assumindo um caráter especial, por outro lado, sua prática curricular cotidiana parece apresentar dificuldades em lidar com as diferenças apresentadas pelos alunos. Uma Educação Física escolar que considere o princípio da alteridade saberá reconhecer as diferenças – não só físicas, mas também culturais – expressas pelos alunos, garantindo assim o direito de todos à sua prática. A diferença deixará de ser critério para justificar preconceitos, que causam constrangimentos e levam à subjugação dos alunos, para se tornar condição de sua igualdade, garantindo, assim, a afirmação do seu direito à diferença, condição do pleno exercício da cidadania. Porque os homens são iguais justamente pela expressão de suas diferenças.

REFERÊNCIAS BIBLIOGRÁFICAS

BETTI, M. *Educação física e sociedade*. São Paulo, Movimento, 1991.

BRANDÃO, C.R. "A antropologia social". *In*: MARCELLINO, N.C. (org.). *Introdução às ciências sociais*. Campinas, Papirus, 1987.

CARDOSO, R. (org.). *A aventura antropológica*. Rio de Janeiro, Paz e Terra, 1986.

CARMO, A.A. do. "Educação física: Crítica de uma formação acrítica". São Carlos, Centro de Educação e Ciências Humanas, Universidade Federal de São Carlos, 1982, 184 p. (Dissertação de mestrado)

CASTELLANI FILHO, L. *Educação física no Brasil: A história que não se conta*. Campinas, Papirus, 1988.

CAVALLARO, G.A. "Planejamento e prática de ensino de professores de educação física em escolas públicas da cidade de São Paulo". São Paulo, Escola de Educação Física, Universidade de São Paulo, 1990, 68 p. (Dissertação de mestrado)

COUTINHO, A.G. "Educação física: A prática da desigualdade". São Paulo, Escola de Educação Física, Universidade de São Paulo, 1988, 87 p. (Dissertação de mestrado)

DAMATTA, R. "O ofício de etnógrafo, ou como ter 'anthropological blues'". *In*: NUNES, E. de O. (org.). *A aventura sociológica*. Rio de Janeiro, Zahar, 1978.

_____. "O corpo brasileiro". *In*: STROZENBERG, I. (org.). *De corpo e alma*. Rio de Janeiro, Comunicação Contemporânea, 1987.

DAOLIO, J. "Contribuições da antropologia ao estudo da aprendizagem motora". *In: R. bras. Ci. Esporte*, n. 2, 1989, vol. 10, pp. 65-68.

_____. "Educação física escolar: Uma abordagem cultural". *In*: PICCOLO, V.L.N. (org.). *Educação física escolar: Ser... ou não ter?* Campinas, Unicamp, 1993.

DURHAM, E.R. "A dinâmica cultural na sociedade moderna". *In: Ensaio de Opinião*, 1977, vol. 4, pp. 32-35.

_____. "Cultura e ideologia". *In: Dados*, 1984, n. 1, vol. 27, pp. 71-89.

DURKHEIM, E. *As regras do método sociológico*. 2ª ed., São Paulo, Comp. Ed. Nacional, 1960.

FARIA, M.F. de. "Competências básicas do professor que orienta as atividades de educação física no 1º segmento do 1º grau". Rio de Janeiro, Escola de Educação Física e Desportos, Universidade Federal do Rio de Janeiro, 1985, 115 p. (Dissertação de mestrado)

FERREIRA, V.L.C. *Prática da educação física no 1º grau*. São Paulo, Ibrasa, 1984.

FIGUEIREDO, S.L. da C. "Estudo crítico sobre a participação do professor de educação física no conselho de classe das escolas oficiais do primeiro grau do município do Rio de Janeiro". Rio de Janeiro, Escola de Educação Física e Desportos, Universidade Federal do Rio de Janeiro, 1988, 147 p. (Dissertação de mestrado)

GALLARDO, J.S.P. "Preparação profissional em educação física: Um estudo dos currículos das escolas de educação física do estado de São Paulo e sua relação com a educação física na pré-escola e quatro primeiras séries do ensino de primeiro grau". São Paulo, Escola de Educação Física, Universidade de São Paulo, 1988, 146 p. (Dissertação de mestrado)

GEERTZ, C. *A interpretação das culturas*. Rio de Janeiro, Guanabara Koogan, 1989.

GEHLEN, A. *Ensayos de antropologia filosófica*. Santiago, Universitária, 1973.

GHIRALDELLI JÚNIOR, P. *Educação física progressista: A pedagogia crítico-social dos conteúdos e a educação física*. São Paulo, Loyola, 1988.

HALLOWELL, A.I. "As bases protoculturais da adaptação humana". *In*: MUSSOLINI, G. *Evolução, raça e cultura*. 2ª ed., São Paulo, Comp. Ed. Nacional, 1974.

HERTZ, R. "A preeminência da mão direita: Um estudo sobre a polaridade religiosa". *In: R. Relig. Soc.*, n. 6, 1980, pp. 99-128.

KOFES, S. "E sobre o corpo, não é o próprio corpo que fala? Ou o discurso desse corpo sobre o qual se fala". *In*: BRUHNS, H.T. (org.). *Conversando sobre o corpo*. Campinas, Papirus, 1985.

KUPER, A. *Antropólogos e antropologia*. Rio de Janeiro, Francisco Alves, 1978.

LAPLANTINE, F. *Aprender antropologia*. São Paulo, Brasiliense, 1988.

LEAKEY, R.E. *A evolução da humanidade*. São Paulo, Melhoramentos; Brasília, Universidade de Brasília, 1981.

LEAKEY, R.E. & LEWIN, R. *Origens*. São Paulo, Melhoramentos; Brasília, Universidade de Brasília, 1980.

LÉONTIEV, A. "O homem e a cultura". *In*: ADAM, Y. et. al. *Desporto e desenvolvimento humano*. Lisboa, Seara Nova, 1977.

LÉVI-STRAUSS, C. "Introdução à obra de Marcel Mauss". *In*: MAUSS, M. *Sociologia e antropologia*. São Paulo, EPU/Edusp, 1974, 2 volumes.

_____. *As estruturas elementares do parentesco*. Petrópolis, Vozes, 1976.

MACEDO, C.C. de. *A reprodução da desigualdade*. 2ª ed., São Paulo, Vértice, 1985.

MAUSS, M. *Sociologia e antropologia*. São Paulo, EPU/Edusp, 1974, 2 volumes.

_____. "Marcel Mauss: Antropologia" (coletânea organizada por Roberto Cardoso de Oliveira). São Paulo, Ática, 1979.

MEDINA, J.P.S. *O brasileiro e seu corpo*. Campinas, Papirus, 1987.

MINER, H. "Ritos corporais entre os nacirema". *In*: RONNEY, A.K. & DE VORE, P.L. (orgs.). *Dou and others: Readings in introductory anthropology*. Cambridge, Winthrop Publishers, 1973.

MOREIRA, W.W. "A ação do professor de educação física na escola: Uma abordagem fenomenológica". Campinas, Faculdade de Educação, Universidade Estadual de Campinas, 1990, 210 p. (Tese de doutorado)

MORGAN, L.H. *La sociedad primitiva*. La Plata, Lautaro, 1946.

PIRES, G. de L. "Educação física escolar: Concepções e prática pedagógica". Santa Maria, Centro de Educação Física e Desportos, Universidade Federal de Santa Maria, 1990, 166 p. (Dissertação de mestrado)

RODRIGUES, J.C. *Tabu do corpo*. 4ª ed., Rio de Janeiro, Dois Pontos, 1986.

_____. "O corpo liberado?" *In*: STROZENBERG, I. (org.). *De corpo e alma*. Rio de Janeiro, Comunicação Contemporânea, 1987.

SANTOS, F.J.A. dos. "Considerações sobre a 'corpolatria'". *In*: *Motrivivência*, n. 3, 1990, vol. 2, pp. 53-54.

SANTOS, P.R. "Competências didáticas básicas do professor de educação física a nível do 2º segmento de 1º grau". Rio de Janeiro, Faculdade de Educação, Universidade Federal do Rio de Janeiro, 1984, 97 p. (Dissertação de mestrado)

SÉRGIO, M. *Para uma epistemologia da motricidade humana*. Lisboa, Compendium, s.d.

SILVA, M.A.M. da. "As tatuagens e a criminalidade feminina". *In*: *Cadernos de Campo*, n. 1, 1991, vol. 1, pp. 5-16.

SOARES, C.L. "A educação física no ensino de 1º grau: Do acessório ao essencial". *In*: *R. bras. Ci. Esporte*, n. 3, 1986, vol. 7, pp. 89-92.

_____. "Educação Física: Raízes européias e Brasil". Campinas, Autores Associados, 1994.

VARGAS, A.L.S. *Educação física e o corpo: A busca da identidade*. Rio de Janeiro, Sprint, 1990.

VELHO, G. "Observando o familiar". *In*: NUNES, E. de O. (org.). *A aventura sociológica*. Rio de Janeiro, Zahar, 1978.